UN SOUVENIR

DE

SOLFÉRINO

Le *Souvenir de Solférino* a été traduit dans presque toutes les langues européennes. (*N. de l'Ed.*)

UN SOUVENIR

DE

SOLFÉRINO

PAR

HENRY DUNANT

Fondateur de l'œuvre internationale d'humanité
en faveur des armées de terre et de mer,
Promoteur de la *Convention* diplomatique *pour l'amélioration du sort des militaires blessés dans les armées en campagne.*

CINQUIÈME ÉDITION

PARIS

LIBRAIRIE DE L. HACHETTE ET Cie

77, BOULEVARD SAINT-GERMAIN, 77

1870

« Je voudrais que ce livre fût beaucoup lu, surtout par « ceux qui aiment la guerre, par ceux qui la vantent et « qui la glorifient. »

SAINT-MARC GIRARDIN,
de l'Académie française.
Journal des Débats du 24 février 1863.

« Il faut lire le *Souvenir de Solférino*, cette saisissante révélation d'un des plus sanglants champs de bataille de notre siècle. Nous ne savions pas assez ce que c'est le lendemain d'une bataille. »

Le Père GRATRY, de l'Académie française.
(*Vie de Henri Perreyve.*)

« L'auteur du *Souvenir de Solférino*, M. Henry Dunant, « a recueilli la gloire la plus douce et la plus pure à « laquelle un écrivain puisse prétendre : son appel à l'hu- « manité en faveur des blessés militaires a été non- « seulement entendu, mais suivi, et un résultat pratique « presque immédiat a amplement récompensé cette idée « généreuse. »

PRÉVOST-PARADOL,
de l'Académie française.
Journal des Débats du 31 juillet 1865.

UN SOUVENIR DE SOLFÉRINO

La sanglante victoire de Magenta avait ouvert les portes de Milan à l'armée française, que les villes de Pavie, Lodi, Crémone accueillaient avec enthousiasme.

Les Autrichiens, abandonnant les lignes de l'Adda, de l'Oglio et de la Chiese, accumulaient sur les bords du Mincio des forces considérables, à la tête desquelles se mettait résolument leur jeune et vaillant empereur François Joseph II.

Le roi Victor Emmanuel arrivait le 17 juin 1859, à Brescia, où il était reçu avec des transports de joie par une population qui voyait dans le fils de Charles-Albert un sauveur et un héros.

Le lendemain, l'empereur Napoléon III entrait dans la même ville, au milieu des ovations d'un peuple heureux de pouvoir témoigner sa reconnaissance au souverain qui venait l'aider à reconquérir son indépendance.

Le 21 juin, l'empereur des Français et le roi de Sardaigne sortaient de Brescia, que leurs armées avaient quitté la veille.

Le 22, ils occupaient Lonato, Castenedolo et Montechiaro.

Le 23 au soir, l'empereur Napoléon qui commandait en chef, avait donné des ordres précis pour que l'armée du roi Victor Emmanuel, formant l'aile gauche de l'armée alliée et campée à Desenzano, se portât sur

Pozzolengo le lendemain de grand matin. Le maréchal Baraguey d'Hilliers devait marcher sur Solférino, le maréchal duc de Magenta sur Cavriana, le général Niel se rendre à Guidizzolo, le maréchal Canrobert à Médole, le maréchal Regnaud de Saint Jean d'Angely, avec la garde impériale, à Castiglione.

Ces forces réunies formaient un effectif de cent cinquante mille hommes et d'environ quatre cents pièces d'artillerie.

L'empereur d'Autriche avait à sa disposition, dans le royaume Lombard-Vénitien, neuf corps d'armée s'élevant ensemble à deux cent cinquante mille hommes, y compris les garnisons de Vérone et de Mantoue. L'effectif qui allait entrer en ligne de bataille se composait de sept corps, soit cent soixante-dix mille hommes, appuyés par environ cinq cents pièces d'artillerie.

Le quartier général autrichien avait été transporté de Vérone à Villafranca, puis à

Valeggio et, le 23 au soir, ordre fut donné aux troupes de repasser le Mincio, pendant la nuit, à Peschiera, à Salionze, à Valeggio, à Ferri, à Goïto et à Mantoue.

Le gros de l'armée établit ses quartiers de Pozzolengo à Guidizzolo, afin d'attaquer l'ennemi entre le Mincio et la Chiese.

Les forces autrichiennes formaient deux armées.

La première avait à sa tête le feldzeugmeistre comte Wimpffen, ayant sous ses ordres les corps commandés par les feldmaréchaux prince Edmond de Schwarzenberg, comte Schaffgotsche et baron de Veigl, ainsi que la division de cavalerie du comte Zedtwitz. C'était l'aile gauche. Elle avait pris position dans les environs de Volta, Guidizzolo, Médole et Castel-Goffredo.

La seconde était commandée par le comte Schlick, ayant sous ses ordres les feldmaréchaux comte Clam-Gallas, comte Stadion, baron Zobel et chevalier Benedek, ainsi que la division de cavalerie du comte Mensdorff.

C'était l'aile droite. Elle tenait Cavriana, Solférino, Pozzolengo et San Martino.

Les Autrichiens occupaient donc, le 24 au matin, toutes les hauteurs entre Pozzolengo, Solférino, Cavriana et Guidizzolo. Ils avaient établi leur formidable artillerie sur une série de mamelons, formant le centre d'une immense ligne offensive, qui permettait à leur aile droite et à leur aile gauche de se replier sous la protection de ces hauteurs fortifiées qu'ils considéraient comme inexpugnables.

Les deux armées ennemies, quoique marchant l'une contre l'autre, ne comptaient pas se heurter si brusquement.

Les Autrichiens, inexactement renseignés, présumaient qu'une partie seulement de l'armée alliée avait passé la Chiese, et ils ne pouvaient pas connaître les intentions de l'empereur Napoléon.

De leur côté, les Alliés ne s'attendaient pas à ce retour offensif et ne croyaient pas se trouver si promptement en présence de l'armée de l'empereur d'Autriche. Les reconnaissances, les observations, les rapports des éclaireurs, les ascensions en montgolfières qui avaient eu lieu dans la journée du 23, n'avaient donné aucun indice d'une rencontre imminente.

Le choc des armées autrichienne et franco-sarde, le vendredi 24 juin 1859, fut donc tout à fait inopiné, quoique les belligérants fussent, de part et d'autre, dans l'attente d'une prochaine et grande bataille.

Trois cent mille hommes se trouvaient en présence.

La ligne de bataille avait cinq lieues d'étendue.

L'armée autrichienne, après avoir soutenu les fatigues d'une marche difficile pendant toute la nuit, eut à supporter, dès l'aube du vendredi, l'attaque de l'armée ennemie, puis, à souffrir de la chaleur, et surtout de la faim et de la soif. A l'exception d'une double ration d'eau-de-vie, la plupart des soldats autrichiens ne purent prendre aucune nourriture.

Les troupes françaises, déjà en mouvement avant les premières lueurs du jour, n'eurent guère autre chose que le café du matin.

Aussi, l'épuisement des combattants, et surtout des malheureux blessés, était-il extrême à la fin de cette terrible bataille, qui dura plus de quinze heures.

Vers trois heures du matin, les corps commandés par les maréchaux Baraguey d'Hilliers et Mac-Mahon s'ébranlent, pour se porter sur Solférino et Cavriana.

A peine leurs têtes de colonnes ont-elles dépassé Castiglione qu'ils se trouvent en présence des avant-postes autrichiens, qui leur disputent le terrain.

Les deux armées sont en alerte.

De tous côtés les clairons sonnent la charge et les tambours retentissent.

L'empereur Napoléon, qui a passé la nuit à Montechiaro, se dirige en toute hâte sur Castiglione.

A six heures le feu est sérieusement engagé.

Les Autrichiens s'avancent dans un ordre parfait, sur les routes frayées. Au centre de leurs masses compactes, aux tuniques blanches, flottent leurs étendards, aux couleurs jaune et noire, sur lesquels est blasonné l'aigle impérial d'Allemagne.

Le jour est éclatant ; dans l'armée française le soleil d'Italie fait étinceler les brillantes armures des dragons, des guides, des lanciers, des cuirassiers de la garde.

Dès le commencement de l'action, l'empereur François Joseph quitte son quartier général, avec tout son état-major, pour se rendre à Volta. Il est accompagné des archiducs de la maison de Lorraine, parmi lesquels on distingue le grand-duc de Toscane et le duc de Modène.

C'est au milieu des difficultés d'un terrain entièrement inconnu aux Alliés qu'a lieu le premier choc.

L'armée française doit se frayer un passage

au travers de lignes de mûriers, inextricablement entrelacés par des vignes grimpantes, qui constituent de véritables obstacles.

Le sol est coupé par de grands fossés desséchés et par de longues murailles, très-larges à leur base, quoique peu élevées.

Les chevaux sont obligés de gravir ces murailles et de franchir ces fossés.

Les Autrichiens, postés sur les éminences et les collines, font pleuvoir sur l'armée française une grêle incessante d'obus, de bombes et de boulets.

A la fumée des canons tirant à mitraille se mêlent la terre et la poussière que soulève, en frappant le sol à coups redoublés, cette nuée de projectiles.

C'est sous le feu de ces batteries que les Français, comme un ouragan déchaîné, s'élancent à l'assaut des positions les plus difficiles.

Mais, pendant la chaleur torride du milieu du jour, les combats, qui se livrent de toutes parts, deviennent de plus en plus acharnés.

Des colonnes serrées se précipitent les unes sur les autres, avec l'impétuosité d'un torrent qui renverse tout sur son passage. Des régiments français, disposés en tirailleurs, serrent de plus en plus près les masses autrichiennes, semblables à des murailles de fer.

Des divisions entières mettent sac à terre afin de pouvoir mieux se lancer sur l'ennemi, la baïonnette en avant.

Un bataillon est-il repoussé, un autre lui succède.

Chaque mamelon, chaque hauteur, chaque crête de rocher est le théâtre de combats opiniâtres.

Ce sont des monceaux de morts sur les collines et dans les ravins.

Autrichiens et Alliés se foulent aux pieds, s'entretuent sur des cadavres sanglants, s'assomment à coups de crosse, se brisent le crâne, s'éventrent avec le sabre ou la baïonnette.

Point de relâche dans la mêlée; point de quartier.

C'est une boucherie, un combat de bêtes féroces, furieuses et ivres de sang.

Les blessés même se défendent jusqu'à la dernière extrémité.

Celui qui n'a plus d'armes saisit à la gorge son adversaire pour le déchirer avec ses dents.

Parfois, la lutte devient plus effrayante par l'approche d'un escadron de cavalerie qui passe au galop. Les chevaux, plus humains que ceux qui les montent, cherchent en vain à éviter de fouler les victimes de ce massacre; ils écrasent, sous leurs pieds ferrés, les morts et les mourants. Un pauvre blessé a la mâchoire emportée, un autre la tête entamée, un troisième, qu'on eût pu sauver, a la poitrine enfoncée.

Aux hennissements des chevaux se mêlent des vociférations, des cris de rage, des hurlements de douleur et de désespoir.

L'artillerie lancée à fond de train suit la cavalerie. Elle se fraie une route à travers les cadavres et les blessés gisant indistinctement sur le sol. Les membres sont brisés et broyés, les cervelles jaillissent, la terre s'abreuve de sang, et le sol est jonché de débris humains.

Les troupes françaises gravissent les mamelons ; elles escaladent, avec la plus fougueuse ardeur, les collines escarpées et les pentes rocheuses, sous la fusillade, les bombes et les éclats de la mitraille.

A peine un mamelon est-il pris, à peine quelques compagnies d'élite ont-elles gravi le sommet d'une colline, harassées, baignées de sueur, qu'elles tombent sur les Autrichiens, comme une avalanche, les culbutent, les refoulent, et les poursuivent jusque dans le fond des ravins et des fossés.

Les positions des Autrichiens sont excellentes, retranchés qu'ils sont dans les maisons, dans les églises de Médole, de Solférino, de Cavriana.

Mais rien n'arrête, rien ne suspend le carnage.

On se tue en gros, on se tue en détail.

Chaque pli de terrain est enlevé à la baïonnette, chaque poste est disputé pied à pied.

On s'arrache les villages, maison après maison, ferme après ferme.

Chacune d'elles est le théâtre d'un siége.

Les portes, les fenêtres, les cours deviennent des places d'égorgements.

La mitraille porte le ravage jusque dans les réserves éloignées des Autrichiens. S'ils cèdent le terrain, ils ne le cèdent que pas à pas, pour reprendre bientôt l'offensive : leurs rangs se reforment sans cesse.

Dans la plaine, le vent soulève des flots de poussière dont les routes sont inondées. Semblable à des nuages compactes, cette poussière obscurcit l'air et aveugle les combattants.

Par moments, la lutte semble faiblir. Mais c'est pour recommencer avec plus de furie.

Tantôt d'un côté, tantôt d'un autre, on entend les tambours battre et les clairons sonner la charge.

Les zouaves se précipitent à la baïonnette, en poussant des cris et en bondissant comme des bêtes fauves.

La cavalerie française fond sur la cavalerie autrichienne, uhlans et hussards se sabrent avec fureur.

Les chevaux eux-mêmes, excités par cette ivresse sanglante, se jettent sur les chevaux ennemis qu'ils mordent avec rage.

L'acharnement est tel que, sur quelques points, les munitions étant épuisées et les fusils brisés, on lutte corps à corps, on s'assomme à coups de pierres.

Les Croates massacrent tout ce qu'ils rencontrent et achèvent, à coups de crosse, les blessés de l'armée alliée.

Les tirailleurs algériens, dont les chefs ne peuvent calmer la férocité, frappent les Autrichiens, égorgent les mourants, puis se ruent dans la mêlée avec des rugissements farouches.

Les positions les plus fortes sont prises, perdues, puis reprises encore, pour être perdues et reconquises de nouveau. Partout, les hommes tombent, mutilés, percés, troués par les balles, criblés par la mitraille.

L'empereur Napoléon ordonne aux corps Baraguey d'Hilliers et Mac-Mahon, ainsi qu'à la garde impériale, de fondre simultanément sur les retranchements de San Cassiano et de Solférino.

Les corps autrichiens Stadion, Clam-Gallas et Zobel, viennent successivement défendre ces positions importantes.

A San Martino, le feldmaréchal Benedek, avec une partie de la seconde armée autrichienne, tient tête à l'armée sarde luttant héroïquement sous les ordres de son roi qui l'encourage de sa présence.

L'aile droite des Alliés, composée des corps commandés par le maréchal Canrobert et par le général Niel, résiste avec énergie à l'armée du comte Wimpffen, dont les trois corps, Schwarzenberg, Schaffgotsche et de Veigl ne parviennent pas à agir de concert.

Le maréchal Canrobert, qui garde d'abord

une position expectante, tient en échec le corps du prince Édouard de Liechtenstein, sorti le matin même de Mantoue, et amenant aux Autrichiens des troupes fraîches. Bientôt, le général Trochu, ainsi que la cavalerie du général Partouneaux et la division Renault prennent une vive part à l'action. L'approche de l'armée du prince Napoléon, arrivant de Plaisance, achève de paralyser le corps Liechtenstein.

Les généraux Forey et Ladmirault, avec leurs vaillantes colonnes, deviennent enfin maîtres des crêtes et des collines aboutissant au mamelon des Cyprès, à jamais célèbre désormais, avec le cimetière et la tour de Solférino, par les tueries dont ces localités sont le sanglant théâtre.

Le mamelon des Cyprès est emporté d'assaut; sur son sommet le colonel d'Auvergne y fait flotter son mouchoir en signe de victoire.

Ces succès sont chèrement achetés.

Le général Ladmirault a l'épaule fracturée

par une balle. A peine pansé, et malgré la gravité de sa blessure, il retourne à pied au combat, où une seconde balle l'atteint à la jambe gauche.

Le général Forey, impassible au milieu des difficultés de sa position, est blessé à la hanche; le caban blanc qu'il porte sur son uniforme est percé de balles, ses aides de camp sont tués à côté de lui; l'un d'eux, le capitaine de Kervenoël, âgé de vingt-cinq ans, a le crâne emporté par un éclat d'obus.

Au pied du mamelon des Cyprès, en précédant ses tirailleurs, le général Dieu tombe, renversé de cheval. Le général Douay est également blessé, non loin de son frère, le colonel Douay, mortellement frappé.

Le général de brigade Auger a le bras gauche fracassé par un boulet, et gagne son grade de général de division sur ce champ de bataille qui lui coûtera la vie.

Les officiers français, toujours en avant, et l'épée au poing, sont décimés à la tête de leurs colonnes, où leurs décorations et leurs épaulettes les désignent aux coups des chasseurs tyroliens.

Le commandant Mennessier, dont les deux frères, l'un colonel, l'autre capitaine, ont déjà péri bravement à Magenta, succombe à son tour à Solférino.

Au premier régiment de chasseurs d'Afrique, le sous-lieutenant Salignac Fénelon, âgé de vingt-deux ans, enfonce un carré autrichien et paie de sa vie ce brillant exploit.

Le colonel de Maleville, à la ferme de la Casa Nova, sous le feu terrible de l'ennemi, se voit accablé par le nombre. Son bataillon n'a plus de munitions. Saisissant le drapeau du régiment, il s'écrie : « Qui aime son drapeau me suive! » Sur ses pas, ses soldats se précipitent à la baïonnette. Une balle lui brise la jambe; malgré de cruelles souffrances, il continue à commander en se faisant soutenir sur son cheval.

Le chef de bataillon Hébert est tué en s'engageant au plus fort du danger pour empêcher la perte d'une aigle; renversé et foulé aux pieds, avant de mourir, il crie encore aux siens : « Courage, mes enfants! »

Au mamelon de Solférino, le lieutenant des chasseurs à pied de la garde Monéglia s'empare de six pièces d'artillerie, dont quatre canons attelés. Le colonel autrichien qui les commande lui remet son épée.

Le lieutenant de Guiseul, portant l'étendard d'un régiment de ligne, est enveloppé, avec son bataillon, par des forces dix fois supérieures. Atteint d'un coup de feu, il roule à terre en pressant contre sa poitrine son précieux dépôt. Un sergent se saisit du drapeau pour le sauver des mains de l'ennemi ; il a la tête emportée par un boulet. Un capitaine veut prendre la hampe ; au même instant il teint de son sang l'étendard qui se brise et se déchire. Sous-officiers et soldats le portent tour à tour, et vivants et morts lui font un dernier rempart de leurs corps. Enfin, tout mutilé, ce glorieux débris est sauvé par un sergent-major du régiment du colonel Abbatucci.

Le commandant La Rochefoucauld Liancourt s'élance contre des carrés hongrois; son cheval est criblé de balles; lui-même, atteint par deux coups de feu, demeure prisonnier des Hongrois qui ont reformé leurs carrés. Cet intrépide chasseur d'Afrique, traité avec les plus grands égards par ses vainqueurs, est entouré des meilleurs soins sur l'ordre de l'empereur d'Autriche.

A Guidizzolo, le colonel autrichien prince Charles de Windisch-Græetz, brave une mort certaine en cherchant, à la tête de son régiment, à reprendre, sous une grêle de balles, la position de Casa Nova. Blessé mortellement, il commande encore, soutenu, porté par ses soldats qui cherchent à lui faire un rempart de leurs corps.

Les feldmaréchaux comte Crenneville et comte Palffy, en combattant avec valeur, sont grièvement blessés, ainsi que le feldmaréchal Blomberg et le général Baltin, dans le corps d'armée du baron de Veigl.

Le baron Sturmfeder, le baron Pidoll et le

colonel de Mumb sont tués, non loin du jeune prince d'Isembourg qui, plus heureux qu'eux, sera relevé du champ de bataille encore avec un souffle de vie.

Le maréchal Baraguey d'Hilliers, suivi des généraux Lebœuf, Bazaine, Douay, Négrier, d'Alton, Forgeot, Camou, des chasseurs, des voltigeurs, pénètre dans le village de Solférino, que défend vaillamment le comte Stadion avec les feldmaréchaux Palffy et Sternberg, à la tête des brigades Bils, Puchner, Gaal, Koller et Festetics.

Dans la plaine, la cavalerie du général Desvaux soutient le choc de l'infanterie hongroise, et, par l'élan irrésistible de ses escadrons, seconde l'offensive vigoureuse du général Trochu contre les corps d'armée de Veigl, Schwarzenberg et Schaffgotsche, à Guidizzolo et à Rebecco, où la cavalerie Mensdorff est battue par les généraux Morris et Partouneaux.

Le général Niel tient tête, dans les environs de Médole, avec les généraux de Failly, Vinoy et de Luzy, aux trois grandes divisions de l'armée du comte Wimpffen, ce qui permet au maréchal Mac-Mahon, avec les généraux La Motterouge et Decaen et la cavalerie de la garde, de tourner les hauteurs qui forment la clef des positions de San Cassiano et de Cavriana. Ils s'établissent sur la série de collines parallèles à celles où sont agglomérées les troupes des feldmaréchaux Clam-Gallas et Zobel. Mais, l'un des héros de l'armée autrichienne, le prince Alexandre de Hesse, après s'être engagé intrépidement à San Cassiano, défend, contre des assauts redoublés, les trois mamelons du mont Fontana.

Les chevaux de l'armée française ne pouvant gravir ces pentes escarpées, le général de Sévelinges y fait hisser, sous les balles autrichiennes, ses canons rayés, auxquels les grenadiers de la garde se sont attelés. Et, pour approvisionner de munitions ces batteries, transportées d'une manière si originale, d'autres grenadiers font tranquillement la chaîne, sous le feu de l'ennemi, depuis les caissons restés dans la plaine jusqu'aux positions les plus exposées.

Le général La Motterouge demeure enfin maître de Cavriana, malgré la résistance acharnée, malgré les retours offensifs des officiers autrichiens, qui ramènent sans cesse leurs détachements au combat.

Les voltigeurs du général Manèque puisent dans les gibernes des grenadiers pour regarnir les leurs épuisées ; mais, à bout de munitions, ils s'élançent à la baïonnette sur les hauteurs entre Solférino et Cavriana, et s'emparent de ces positions avec l'aide du général Mellinet.

Rebecco tombe au pouvoir des Alliés, puis retombe au pouvoir des Autrichiens, pour être de nouveau enlevé, puis ressaisi, et rester en définitive aux mains du général Renault.

A l'attaque du mont Fontana les tirailleurs algériens sont décimés. A la vue de leurs colonels Laure et Herment tués, de leurs officiers qui succombent en grand nombre, leur fureur redouble; ils s'excitent à venger leur mort et se précipitent sur l'ennemi comme des tigres.

Les Croates se couchent par terre, se cachent dans les fossés, laissent approcher leurs adversaires, puis, se relevant, les tuent à bout portant.

A San Martino, un officier de bersagliers, le capitaine Pallavicini, est blessé; porté dans une chapelle, il y reçoit les premiers soins; mais, les Croates, momentanément repoussés, reviennent à la charge, pénètrent dans l'ambulance improvisée et en font le siége à coups de pierres, dont l'une écrase la tête de l'officier sarde.

Au milieu de ces combats, de ces massacres, sans cesse renouvelés, des imprécations, en diverses langues, se font entendre, proférées par la bouche d'hommes de différentes nations, dont beaucoup sont contraints d'être homicides à vingt ans!

Au plus fort de la mêlée, tandis que la

terre tremble sous un ouragan de fer, de soufre et de plomb, que la mort balaye le sol, et que, de toutes parts, des lignes de feu sillonnant les airs multiplient les hécatombes, l'aumônier de l'empereur Napoléon, l'abbé Laine, parcourt les ambulances en portant aux mourants des paroles de consolation et de sympathie.

Des cantinières s'avancent, comme de simples troupiers, sous le feu de l'ennemi. Elles vont relever de pauvres soldats mutilés qui demandent de l'eau avec instance. Elles-mêmes sont blessées en leur donnant à boire et en essayant de les soigner.

Un lieutenant de la ligne a le bras gauche brisé par un biscaïen; le sang coule abondamment de sa blessure. Assis sous un arbre, il est mis en joue par un soldat hongrois, mais celui-ci est aussitôt arrêté par un officier autrichien qui, s'approchant du blessé français, lui porte secours avec compassion, et ordonne de le placer dans un endroit moins exposé.

A côté, se débat, sous le poids de son cheval, tué par un éclat d'obus, un officier de hussards, affaibli par le sang qui sort de ses blessures. Un peu plus loin, un cheval échappé et rendu furieux entraîne, dans sa course effrénée, le cadavre ensanglanté de son cavalier, resté cramponné à la selle.

Un caporal a le bras gauche traversé par la baguette d'une fusée à la congrève; il la retire lui-même, et, cette opération terminée, il s'en sert en guise de canne pour s'aider à gagner les ambulances de Castiglione.

Un officier de la Légion étrangère tombe frappé par une balle. Son chien, qui était devenu l'ami du bataillon, emporté par l'élan des troupes, est atteint quelques pas plus loin; mais le fidèle animal trouve encore la force de revenir, en se traînant, mourir sur le corps de son maître.

Dans un autre régiment, une chèvre, adoptée par un voltigeur et affectionnée par les soldats, monte impunément à l'assaut de

Solférino au travers des balles et de la mitraille.

Chaque homme se bat comme si sa propre réputation était en jeu. « Il semblait que le vent nous poussait, disait pittoresquement un jeune soldat de la ligne ; l'odeur de la poudre, le bruit du canon, les tambours qui battent et les clairons qui retentissent, ça vous anime, ça vous excite ! »

Combien de courageux combattants ne sont pas arrêtés par une première blessure, et continuent à marcher en avant jusqu'à ce que, de nouveau atteints, ils sont jetés à terre et mis hors d'état de poursuivre la lutte !

Ailleurs, au contraire, des bataillons entiers, exposés au feu le plus meurtrier, attendent, immobiles, l'ordre d'avancer, forcés d'assister comme spectateurs inactifs, quoique bouillants d'impatience, au combat qui les décime !

L'armée du roi Victor Emmanuel attaque,

par des assauts répétés, les mamelons de San Martino, du Roccolo, de la Madonna della Scoperta.

Ces localités sont prises et reprises trois ou quatre fois de suite.

Les Sardes finissent par demeurer maîtres de Pozzolengo.

Leurs généraux Mollard, La Marmora, Della Rocca, Durando, Fanti, Cialdini, Cucchiari, de Sonnaz, et les officiers de toutes armes et de tous grades, secondent les efforts de leur roi, sous les yeux duquel sont blessés les généraux Perrier, Cerale et Arnoldi.

Le ciel s'est obscurci. D'épais nuages couvrent l'horizon.

Le vent se déchaîne avec fureur. La tempête enlève les branches des arbres qui se brisent sur la terre.

Une pluie froide, chassée par l'ouragan, ou plutôt une véritable trombe inonde les combattants, aveuglés par les rafales et les tourbillons de poussière.

Les Autrichiens se rallient à la voix de leurs officiers. Mais, vers cinq heures, l'acharnement du combat est forcément suspendu, de part et d'autre, par la grêle, les éclairs, les tonnerres, par des torrents de pluie et par l'obscurité qui envahit le champ de bataille. Les deux armées ne peuvent plus lutter contre les éléments.

Les troupes de l'empereur François-Joseph se sont repliées.

L'armée du comte Wimpffen reçoit l'ordre de commencer la retraite.

L'armée du comte Schlick, malgré la fermeté du comte Stadion, trop faiblement secondé par les feldmaréchaux Clam-Gallas et Zobel, sauf la division du prince Alexandre de Hesse, abandonne les meilleures positions.

Pendant toute la durée de l'action le chef de la maison de Habsbourg montre autant de calme que de sang-froid. Au moment de la prise de Cavriana l'empereur d'Autriche se trouvait, avec le comte Schlick et le prince de Nassau, sur une hauteur voisine, la Madonna della Pieve, près d'une église entourée de cyprès. Mais le centre autrichien ayant cédé, et l'aile gauche ne pouvant conserver l'espoir de forcer la position des Alliés, la retraite générale est décidée.

Dans ce moment solennel, l'empereur François-Joseph se dirige avec une partie de son état-major du côté de Volta, tandis que les archiducs et le grand-duc héréditaire de Toscane se retirent à Valeggio.

Sur plusieurs points, une espèce de panique s'empare des troupes autrichiennes. Pour quelques régiments la retraite se change en déroute.

En vain leurs officiers, qui se sont battus comme des lions, cherchent à les retenir : exhortations, injures, coups de sabre, rien ne les arrête.

Plusieurs de ces soldats, qui pourtant ont combattu avec courage, préfèrent se laisser insulter et frapper plutôt que de ne pas fuir.

Des officiers autrichiens se font tuer de désespoir, mais non sans vendre chèrement leur vie. Plusieurs, dans l'excès de leur chagrin, se percent de leur épée, ne voulant pas survivre à cette fatale défaite. La plupart ne rejoignent leurs régiments que couverts du sang de leurs blessures ou de celui de l'ennemi.

Rendons à leur bravoure l'hommage qu'elle mérite.

Le désespoir de l'empereur d'Autriche est immense. Lui qui s'est comporté en héros, qui a vu les balles et les boulets pleuvoir autour de sa personne, il s'élance, transporté de douleur, au-devant des fuyards pour leur reprocher leur lâcheté.

Lorsqu'un peu de calme a succédé à cette véhémente et légitime douleur, ce monarque jette encore un regard désolé sur le théâtre du carnage, des larmes silencieuses coulent sur ses joues, et ce n'est que sur les instances de ses aides-de-camp qu'il consent enfin à quitter Volta et à partir pour Valeggio.

L'empereur Napoléon s'est montré sur tous les points où sa présence était nécessaire.

Accompagné du maréchal Vaillant, des généraux Fleury, Martimprey, Roguet, du prince de la Moskova, du comte Reille, de toute sa maison militaire, il a constamment dirigé la bataille, sans s'inquiéter du danger qui le menaçait sans cesse.

Au mont Fenile, le baron Larrey, son chirurgien, eut un cheval tué sous lui, et plusieurs cent-gardes de l'escorte furent atteints.

Le soir, l'empereur des Français s'installa à Cavriana dans la maison où l'empereur d'Autriche avait logé le matin. C'est de là qu'il adressa une dépêche à l'impératrice Eugénie pour lui annoncer sa victoire.

L'armée française campe sur les positions conquises. La garde bivouaque entre Solférino et Cavriana. Les deux premiers corps occupent les hauteurs voisines de Solférino. Le troisième est à Rebecco, le quatrième à Volta.

Guidizzolo reste occupé jusqu'à dix heures du soir par les Autrichiens.

La retraite de ces derniers est couverte, à l'aile gauche, par le feldmaréchal de Veigl, à l'aile droite, par le feldmaréchal Benedek. Ce dernier, resté maître de Pozzolengo jusqu'à une heure avancée de la nuit, protége la marche rétrograde des comtes Stadion et Clam-Gallas.

Les brigades Koller et Gaal, ainsi que le régiment Reischach, se comportent très-honorablement.

Sous la conduite du valeureux prince Alexandre de Hesse, les brigades Brandenstein et Wussin se dirigent sur Volta, d'où elles facilitent le passage du Mincio à l'artillerie par Borghetto et Valeggio.

Les soldats autrichiens, errants, sont rassemblés par leurs chefs, et emmenés à Valeggio.

Les routes sont couvertes de bagages, de chariots, d'équipages de ponts et de réserves d'artillerie. Tout cela se hâte, se presse, se culbute pour gagner, au plus vite, le défilé de Valeggio.

Le matériel du train est sauvé par la construction rapide de ponts volants.

Les premiers convois, composés d'hommes légèrement atteints, commencent à entrer dans Villafranca. Les soldats plus grièvement frappés leur succèdent.

Pendant toute la durée de cette triste nuit l'affluence des fuyards est énorme.

Les médecins autrichiens pansent les plaies, réconfortent les blessés, leur donnent quelques aliments, puis, les expédient, par les wagons du chemin de fer, sur Vérone, où l'encombrement devient effroyable.

Quoique, dans sa retraite, l'armée autrichienne cherche à enlever tous ceux de ses blessés qu'elle peut transporter, des milliers d'entre eux restent gisants et abandonnés sur la terre humide de leur sang !

Vers la fin de la journée, alors que les ombres du crépuscule s'étendent sur ce vaste champ de carnage, plus d'un officier ou d'un soldat français cherche, çà et là, un camarade, un compatriote, un ami. Trouve-t-il un blessé de sa connaissance, il s'agenouille près de lui, il tâche de le ranimer, étanche son sang, panse la plaie, entoure d'un mouchoir le membre fracturé, mais il réussi rarement à se procurer de l'eau pour le pauvre patient.

Que de larmes silencieuses ont été répandues dans cette lamentable soirée, alors que tout faux amour-propre, tout respect humain était mis de côté!

Au moment de l'action, des ambulances volantes sont établies, soit dans des fermes, des maisons, des églises ou des couvents du voisinage, soit en p'ein air, à l'ombre de quelques arbres. Là, les officiers blessés subissent à la hâte un premier pansement, et, après eux, les sous-officiers et les soldats, lorscela est possible.

Pendant la bataille un fanion, fixé sur un point élevé, indique le poste des blessés et les ambulances des régiments engagés dans l'action.

Par un accord tacite on ne tire pas dans cette direction. Néanmoins, les bombes y arrivent et n'épargnent ni les médecins, ni les infirmiers, ni les fourgons chargés de pain, de vin, de viande ou de charpie. D'ailleurs, les troupes ne connaissent guère la couleur du fanion des ambulances, ni celle du drapeau des hôpitaux de l'ennemi, couleur qui est différente suivant les nationalités.

Les soldats blessés, qui peuvent encore marcher, se rendent d'eux-mêmes aux ambulances. On transporte les autres au moyen de brancards ou de civières, affaiblis qu'ils sont par des hémorrhagies, par la douleur ou par la privation prolongée de secours et d'aliments.

Les hauteurs qui s'étendent de Castiglione à Volta étincellent de milliers de feux, alimentés par des débris de caissons autrichiens, et par d'enormes branches d'arbres, abattues par les boulets ou par l'orage.

Les soldats font sécher leurs vêtements mouillés.

Ils s'endorment, accablés de lassitude, exténués de fatigue, sur les cailloux ou sur le sol.

Les plus valides vont encore chercher de l'eau pour faire de la soupe ou du café.

Que d'épisodes navrants, que de scènes émouvantes, que de déceptions de tous genres!

Ce sont des bataillons entiers qui n'ont point de vivres, ou bien des compagnies auxquelles on avait fait mettre sac à terre et qui se trouvent maintenant dénuées de tout.

Ailleurs, c'est l'eau qui manque, et la soif est si intense qu'officiers et soldats recourent à des mares boueuses, fangeuses et remplies de sang caillé.

Des hussards revenant à leur bivouac, entre dix et onze heure du soir, chargés d'eau et de bois pour faire le café, rencontrent tant de mourants qui les supplient de leur donner a boire, qu'ils vident presque tous leurs bidons. Cependant le café peut enfin se faire. Mais, à peine est-il préparé, que des coups de feu se font entendre dans le lointain. A cette alerte, les cavaliers sautent à cheval et courent dans la direction de la fusillade. Ils s'aperçoivent bientôt de leur méprise. Ce sont les vedettes des avant-postes français qui font feu sur leurs propres soldats, cherchant aussi de l'eau et du bois, et qu'elles ont pris pour des Autrichiens. Dans la bagarre le café avait été renversé. Il faut donc que les hussards reviennent dormir à jeun sur la terre mouillée, non sans avoir encore rencontré de nombreux blessés qui, tous, demandent de l'eau.

Un Tyrolien qui gisait non loin de leur bivouac leur adressait des supplications lamentables pour obtenir un peu de ce précieux liquide, mais l'eau manquait absolument. Le lendemain matin on le trouva mort, l'écume à la bouche et la bouche pleine de terre ; son visage gonflé était verdâtre, presque noir ; il s'était tordu jusqu'au matin dans d'atroces convulsions, et les ongles de ses mains s'étaient recourbés en déchirant le sol.

Dans le silence de la nuit on entend des gémissements, des soupirs étouffés pleins d'angoisse et de souffrance, et des voix déchirantes qui appellent du secours.

Qui pourra jamais redire les agonies de cette horrible nuit!

Le soleil du 25 éclaira l'un des spectacles les plus affreux qui se puissent présenter à l'imagination.

Le champ de bataille est jonché de cadavres d'hommes et de chevaux. Ils sont comme semés sur les routes, dans les fossés, les ravins, les buissons, les prés, surtout aux abords du village de Solférino.

Les champs sont ravagés, les blés et les maïs couchés, les haies renversées, les vergers détruits.

De loin en loin, on rencontre des mares de sang.

Les villages sont déserts; ils portent les traces de la mousqueterie, des fusées, des bombes, des grenades et des obus.

Les murs sont ébranlés et percés de boulets qui ont ouvert de larges brèches.

Les maisons sont trouées, effondrées, ruinées.

Les habitants, dont la plupart ont passé près de vingt heures réfugiés dans leurs caves, sans lumière et sans vivres, commencent à en sortir. L'air de stupeur de ces pauvres paysans témoigne du long effroi qu'ils ont éprouvé.

Le sol est couvert de débris de toutes sortes, de tronçons d'armes, d'objets d'équipement, et de vêtements souillés de sang.

Les malheureux blessés, qui sont relevés pendant toute la journée du samedi, sont pâles, livides, anéantis.

Les uns, surtout ceux qui ont été grièvement atteints, ont le regard hébété, paraissent ne pas comprendre ce qu'on leur dit, et attachent des yeux hagards sur ceux qui portent secours.

Les autres, dans un état d'ébranlement nerveux, sont agités d'un tremblement convulsif.

D'autres, avec des plaies béantes où l'inflammation a déjà commencé à se développer, sont comme fous de douleur ; ils demandent qu'on les achève, et, le visage contracté, ils se tordent dans les dernières étreintes de l'agonie.

Ailleurs, ce sont des infortunés que les balles ou les éclats d'obus ont jetés par terre, et dont les bras ou les jambes ont été brisés par les roues des pièces d'artillerie qui leur ont passé sur le corps.

Le choc des balles cylindriques fait éclater les os dans tous les sens, de telle sorte que la blessure qui en résulte est toujours très-grave. Les éclats d'obus, les balles coniques produisent des fractures excessivement douloureuses dont les ravages intérieurs sont terribles. Des esquilles de toute nature, des fragments d'os, de la terre, des morceaux de plomb, des parcelles de vêtement, d'équipement ou de chaussure aggravent et irritent les plaies du patient et redoublent ses maux.

Celui qui parcourt cet immense théâtre des combats de la veille y rencontre, à chaque pas, au milieu d'une confusion sans pareille, des douleurs inexprimables, des souffrances de tous genres.

De nombreux bataillons avaient mis sac à terre pendant l'action; or, souvent le contenu du sac a disparu. On a fait main-basse sur ce qui s'y trouvait. Les chasseurs et les voltigeurs de la garde avaient déposé leurs havre-sacs près de Castiglione pour monter à l'assaut de Solférino. Après avoir combattu jusqu'au soir et bivouaqué dans les environs de Cavriana, ils courent, le lendemain matin, chercher leurs havre-sacs, mais ils les trouvent vides; tout avait été enlevé pendant la nuit par les maraudeurs. Perte bien grave pour ces pauvres gens, dont le linge et l'uniforme sont salis, souillés, déchirés. Ils se voient non-seulement privés de leurs effets, mais encore de leurs modestes économies, de toute leur fortune, ainsi que des objets qui leur étaient chers, petits souvenirs de la famille, de la patrie, donnés par des mères, des sœurs, des fiancées.

En plusieurs endroits, les morts sont dépouillés par des voleurs, qui ne respectent pas même des blessés encore vivants. Quelques-uns de ces coquins avides de chaussures, les arrachent brutalement des pieds enflés des cadavres.

A côté de ces scènes déplorables, il en est de plus dramatiques encore.

Ici, c'est le vieux général Le Breton, errant à la recherche de son gendre, le général Douay blessé, et qui a laissé, à quelques lieues, sa fille, madame Douay, au milieu du tumulte et dans la plus cruelle inquiétude.

Là, c'est le colonel de Malleville, si héroïquement tombé à la Casa Nova, qui rend le dernier soupir. Non loin, c'est le colonel de Genlis, dangereusement blessé et agité par une fièvre ardente, auquel on donne les premiers soins. Le sous-lieutenant d'artillerie de Selve, sorti depuis quelques jours de Saint-Cyr, subit l'amputation du bras droit.

J'aide à soigner un pauvre sergent-major des chasseurs de Vincennes, dont les deux jambes sont traversées par des balles. Je le rencontrerai de nouveau dans un hôpital de Brescia, puis, dans un wagon du chemin de fer de Milan à Turin, pour le voir mourir en passant le Mont-Cenis.

Le lieutenant de Guiseul, qu'on croyait mort, est relevé sur la place même où, tombé avec son drapeau, il est resté sans connaissance.

Au centre d'un abattis de lanciers, de turcos et de zouaves, et dans son élégant uniforme oriental, gît le cadavre d'un officier musulman, le lieutenant de tirailleurs algériens Larbi ben Lagdar, dont le visage bronzé fait contraste avec les tuniques blanches des soldats autrichiens dont il est entouré.

De ces amas de corps morts s'élève une vapeur de sang.

On enterre le commandant de Pongibaud qui a succombé dans la nuit, ainsi que le jeune comte de Saint-Paër qui avait gagné, depuis une semaine à peine, son grade de chef de bataillon.

L'intrépide sous-lieutenant des voltigeurs de la garde, Fournier, grièvement blessé la veille, termine, à vingt ans, une carrière militaire déjà brillante, commencée à l'âge de dix ans comme engagé volontaire dans la légion étrangère.

C'est aussi sur ce théâtre de carnage que s'éteint l'un des noms glorieux du premier empire français dans la personne du colonel duc d'Abrantès, chef d'état-major du général de Failly.

Le général d'artillerie Auger est transporté à la Casa Morino, à l'ambulance du quartier général du corps Mac-Mahon. Il a l'épaule gauche fracassée par un boulet de six, qui reste enclavé, pendant vingt-quatre heures, dans la profondeur des muscles de l'aisselle. Bientôt, il sera ramené à Castiglione, pour y succomber aux suites de la désarticulation du bras, attaqué par la gangrène.

C'est aussi à Castiglione qu'arrivent, victimes de leur vaillance, les généraux Ladmirault et Dieu, les colonels Broutta et Brincourt.

Le manque d'eau se fait de plus en plus sentir. Les fossés sont desséchés. Les soldats n'ont qu'une boisson saumâtre et malsaine pour apaiser leur soif. Sur les points où l'on trouve une fontaine, un mince filet, coulant goutte à goutte, des factionnaires, l'arme chargée, en gardent l'eau pour les malades et pour les besoins les plus urgents.

Près de Cavriana, un marécage, devenu infect, abreuve, pendant deux jours, vingt mille chevaux d'artillerie et de cavalerie.

Les chevaux blessés, qui ont perdu leurs cavaliers, qui ont erré toute la nuit, se traînent vers leurs camarades, auxquels ils semblent demander du secours. On les achève avec une balle.

Un de ces nobles coursiers, sauve la vie à son maître. Magnifiquement harnaché, il arrive, seul, au milieu d'un détachement français; le porte-manteau, demeuré fixé à la selle, contient des lettres et des objets qui font reconnaître qu'il appartient au prince d'Isembourg. On cherche, et l'on découvre le prince autrichien, évanoui, perdant tout son sang. Les soins empressés des chirurgiens français lui permettront, après une grave maladie, de retourner dans sa famille qui, privée de ses nouvelles et le considérant comme mort, portait déjà son deuil.

Parmi les morts, quelques-uns ont la figure parfaitement calme : ce sont les hommes qui, soudainement frappés, ont été tués sur le coup. Mais ceux qui n'ont pas péri immédiatement ont les membres raidis ou contournés par l'agonie, le corps couvert de taches livides, les mains creusant le sol, les yeux démesurement ouverts, la moustache hérissée, un rictus sinistre et convulsif laissant voir leurs dents serrées.

On passe trois jours et trois nuits à ensevelir les morts restés sur le champ de bataille. Sur un espace aussi étendu, beaucoup de cadavres, cachés dans des fossés, masqués par des buissons ou des accidents de terrain, n'ont été aperçus que très-tard. Ils répandent, ainsi que les chevaux, des émanations fétides.

Dans l'armée française, pour reconnaître et enterrer les morts, un certain nombre de soldats sont désignés par compagnie. Le plus souvent les hommes d'un même corps relèvent leurs compagnons d'armes. Ils prennent le numéro de matricule des effets de l'homme tué. Puis, aidés dans ce pénible devoir par des paysans lombards, payés pour cela, ils déposent son cadavre dans la fosse commune.

Malheureusement, tout porte à croire que, dans la précipitation qu'entraîne, forcément, cette pénible corvée, et par l'incurie. la négligence des mercenaires, plus d'un vivant est enterré avec les morts.

Les décorations, l'argent, les montres, les lettres, les papiers recueillis sur les officiers sont envoyés à leurs familles; mais, une pareille masse de corps à ensevelir, ne rend guère possible l'accomplissement fidèle de cette tâche.

Un fils, idole de ses parents, élevé et soigné pendant de longues années par une tendre mère qui s'alarmait à sa moindre indisposition; un brillant officier, chéri de sa famille, ayant laissé chez lui sa femme, ses enfants; un jeune soldat qui vient de quitter sa fiancée, et presque toujours sa mère, des sœurs, son vieux père, le voilà étendu dans la boue, dans la poussière et baigné dans son sang. Frappé à la tête, sa figure est méconnaissable; il souffre, il expire, et son corps, noirci, gonflé, hideux, va être jeté dans une fosse à peine creusée, recouvert d'un peu de chaux et de terre. Les oiseaux de proie ne respecteront pas ses pieds ou ses mains, sortant du sol détrempé ou du talus qui lui sert de tombeau. On reviendra, on rapportera de la terre, on plantera peut-être une croix de bois sur la place où il repose, et ce sera tout!

Les cadavres des Autrichiens, vêtus de capotes grises souillées de boue, de vestes de toile déchirées, de tuniques blanches rougies de sang, et déjà dévorés par des essaims de mouches, sont répandus par milliers sur les collines, ou épars dans les plaines de Médole. Des nuées de corbeaux planent au-dessus de ces corps verdâtres, dans l'espoir d'en faire leur pâture.

Ils sont entassés, par centaines, dans de grandes fosses communes.

Beaucoup de jeunes soldats des diverses provinces de l'immense empire des Hapsbourg, enrôlés depuis quelques semaines, s'étaient jetés à terre de fatigue et d'inanition, une fois hors de la portée du feu; affaiblis par des hémorrhagies, quoique fort légèrement blessés, ils ont péri misérablement d'épuisement et de faim.

Pauvres mères, en Autriche, en Hongrie, en Bohême, votre douleur sera grande lorsque vous apprendrez que vos enfants sont morts, en pays ennemi, sans soins et sans secours !

Quelques soldats français veulent faire un mauvais parti à des prisonniers hongrois qu'ils prennent pour des Croates, ajoutant avec exaspération que « ces pantalons collants, » comme ils les désignent, achevaient toujours les blessés. Je parviens à retirer de leurs mains ces pauvres captifs tout tremblants.

Le sort des prisonniers autrichiens est fort triste. Conduits comme un vil bétail, on les expédie en masse, sous bonne escorte, à Brescia, où ils trouveront enfin un peu de repos.

Sur le champ de bataille, plusieurs officiers autrichiens sont autorisés à garder leur épée.

Ils ont la même nourriture que les officiers français. Ceux qui sont blessés sont soignés par les mêmes médecins.

Bien des troupiers français partagent fraternellement leurs biscuits avec des prisonniers mourants de faim.

D'autres chargent sur leur dos des blessés de l'armée ennemie pour les porter aux ambulances.

Un lieutenant de la garde enveloppe avec son mouchoir la tête fendue d'un Tyrolien, qui n'avait pour la couvrir qu'un vieux linge déchiré et plein de boue.

L'Intendance continue à faire relever les blessés. Ceux-ci, pansés ou non, sont transportés sur des mulets, porteurs de litières ou de cacolets, aux ambulances, d'où ils sont dirigés sur les villages et les bourgs les plus rapprochés soit du lieu qui les a vus tomber, soit de l'endroit où ils ont été d'abord recueillis.

Dans ces bourgs, dans ces villages, églises, couvents, maisons, places publiques, cours, rues, promenades, tout est transformé en ambulances provisoires.

Carpenedolo, Castel Goffredo, Médole, Guidizzolo, Volta, et les localités environnantes, réunissent une quantité considérable de blessés.

Le plus grand nombre est emmené à Castiglione, où les moins invalides sont déjà parvenus à se traîner.

Voici la longue procession des voitures de l'Intendance, chargées de soldats, de sous-officiers et d'officiers de tous grades, confondus ensemble, cavaliers, fantassins, artilleurs, sanglants, exténués, déchirés, couverts de poussière.

Puis, ce sont des mulets arrivant au trot, et dont l'allure arrache, à chaque instant, des cris aigus aux malheureux blessés qu'ils portent.

La jambe de l'un est fracassée et semble être presque détachée de son corps, chaque cahot de la charrette qui l'emmène lui impose de nouvelles souffrances.

Un autre a le bras cassé; avec celui qui n'a pas été atteint il soutient et préserve le membre fracturé.

Plusieurs expirent pendant le transport.

Leurs cadavres sont déposés sur le bord du chemin. On viendra plus tard les enterrer.

De Castiglione les blessés devaient être conduits aux hôpitaux de Brescia, de Crémone, de Bergame, de Milan, ou des autres villes de la Lombardie. Là, seulement, ils devaient recevoir des soins réguliers et subir les amputations nécessaires. Mais les moyens de transport faisant défaut, on est obligé de faire attendre ces infortunés deux ou trois jours, avant de pouvoir les diriger sur Castiglione.

Cette ville, où l'encombrement dépasse toute idée, devient bientôt, pour les Français et pour les Autrichiens, un vaste hôpital improvisé.

Le jour de la bataille, l'ambulance du grand

quartier général s'y était établie. Des caissons de charpie y avaient été déballés, ainsi que des appareils et des médicaments. Les habitants y joignent tout ce dont ils peuvent disposer en couvertures, linge, paillasses et matelas.

L'hôpital de Castiglione, le cloître et la caserne San Luigi, l'église des Capucins, la caserne de gendarmerie, les églises Maggiore, San Giuseppe, Santa Rosalia sont remplis de blessés, couchés, entassés sur de la paille.

On met aussi, pour eux, de la paille dans les rues, dans les cours, sur les places publiques. On établit à la hâte des couverts en planches, on tend des toiles pour préserver du soleil les victimes du 24 qui arrivent de tous côtés.

Les maisons particulières ne tardent pas à être converties en ambulances. Officiers et soldats y sont reçus par les habitants.

Quelques-uns de ces derniers courent, tout effarés, par les rues, à la recherche d'un médecin pour leurs hôtes.

D'autres vont et viennent d'un air désolé, en demandant, avec instance, qu'on enlève de chez eux des cadavres dont ils ne savent que faire. Plusieurs chirurgiens français, restés à Castiglione, soutenus par des aides-majors, des médecins italiens et des infirmiers militaires, appliquent des appareils ou font des pansements et même des amputations.

La nuit ne les arrête pas.

Le nombre des convois de blessés devient si considérable, durant la journée du samedi, que l'Administration, les habitants, et le détachement de troupes laissé à Castiglione sont absolument incapables de suffire à tant de misères.

Alors commencent des scènes lamentables. Il y a de l'eau et des vivres, et pourtant les blessés meurent de faim et de soif. Il y a de la charpie en abondance, mais pas assez de mains pour l'appliquer sur les plaies. La plupart des médecins de l'armée ont dû partir pour Cavriana; les infirmiers font défaut, et les bras manquent dans ce moment critique.

Il faut donc, tant bien que mal, organiser un service volontaire.

Mais, c'est bien difficile au milieu d'un pareil désordre, auquel vient s'ajouter une panique des habitants de Castiglione, dont le résultat est d'aggraver encore le misérable état des blessés.

Cette panique est due à une circonstance bien futile.

A mesure que chaque corps de l'armée française se reconnaissait, après avoir pris position, on avait formé, le lendemain de la bataille, des convois de prisonniers, qui étaient dirigés sur Brescia par Castiglione et Montechiaro.

Or, les habitants de Castiglione prirent un de ces détachements, escorté par des hussards, qui arrivait de Cavriana, pour l'armée autrichienne revenant en masse.

L'alarme fut donnée par des paysans effarés, par les conducteurs auxiliaires des bagages, et par ces petits marchands ambulants qui suivent les troupes en campagne.

Aussitôt, les maisons sont fermées, les habitants se barricadent chez eux, brûlent les drapeaux tricolores qui pavoisent leurs fenêtres, et se cachent dans leurs caves ou dans leurs greniers. Les uns se sauvent dans les champs, avec leurs femmes et leurs enfants, en emportant tout ce qu'ils ont de plus précieux. Les autres, un peu moins troublés, restent dans leurs habitations, mais y installent les premiers blessés autrichiens qui leur tombent sous la main, et qu'ils comblent d'égards et de prévenances.

Dans les rues, sur les routes, encombrées de voitures, de blessés et de convois d'approvisionnement, ce sont des fourgons emportés à toute vitesse, des chevaux fuyant dans toutes les directions, au milieu des cris d'effroi, de colère et de douleur. Les prolonges, chargées de bagages, sont renversées ; le pain, les biscuits sont jetés dans les fossés.

Les conducteurs auxiliaires, détellent les

chevaux, s'élancent à bride abattue sur la route de Brescia, et sèment l'épouvante sur leur passage. Ils heurtent les charrettes de vivres et les convois de blessés. Ces derniers, foulés aux pieds, supplient qu'on les emmène.

D'autres, sourds aux observations, se débarrassent de leurs bandages, sortent tout chancelants des églises et s'avancent dans les rues, pour y être bientôt heurtés, froissés, pour tomber enfin d'épuisement et de douleur.

Que d'agonies et de souffrances, pendant les journées du 25, du 26 et du 27 juin!

Les blessures, envenimées par la chaleur, par la poussière, par le manque d'eau et de soins, sont devenues très-douloureuses.

Des exhalaisons méphitiques vicient l'air, en dépit des louables efforts de l'administration pour faire tenir en bon état les locaux d'ambulances.

Les convois, dirigés sur Castiglione, continuant à y verser de quart d'heure en quart d'heure de nouveaux contingents de blessés, l'insuffisance du nombre des aides, des infirmiers et des servants se fait cruellement sentir.

Quelque activité que déploie l'intendance qui organise des transports sur Brescia, au moyen de charrettes traînées par des bœufs; quel que soit l'empressement spontané de tous ceux des habitants de cette ville qui, possédant une voiture, viennent offrir de transporter les malades, les départs sont beaucoup moins nombreux que les arrivées, et l'entassement ne fait qu'augmenter.

Sur les dalles des églises de Castiglione ont été déposés, côte à côte, des hommes de toutes nations. Français, Arabes, Allemands, Slaves, sont provisoirement enfouis au fond des chapelles. Beaucoup d'entre eux n'ont plus la force de se mouvoir et ne peuvent bouger dans l'étroit espace qu'ils occupent. Des jurements, des blasphèmes et des cris qu'aucune expression ne peut rendre, retentissent sous les voûtes des sanctuaires.

« Ah! monsieur, que je souffre! » me disaient quelques-uns de ces infortunés, « on nous abandonne, on nous laisse mourir misérablement, et pourtant nous nous sommes bien battus! »

Malgré les fatigues qu'ils ont endurées, malgré les nuits qu'ils ont passées sans sommeil, le repos les a fuis. Dans leur détresse ils implorent des secours qui n'arrivent pas.

Quelques-uns se roulent de désespoir dans des convulsions qui se termineront par le tétanos et la mort.

D'autres, s'imaginant que l'eau froide, versée sur leurs plaies purulentes, produit des vers, qui apparaissent déjà, refusent même de laisser humecter leurs bandages.

D'autres encore, après avoir eu le privilége d'être pansés dans les ambulances improvisées du champ de bataille, ne le sont plus durant leur station forcée à Castiglione; et ces linges, excessivement serrés en vue des secousses de la route, n'ayant pas été renouvelés, leur causent de véritables tortures.

Ceux-ci, la figure noire de mouches, dont l'air est infesté, et qui s'attachent à leurs plaies, portent de tous côtés des regards éperdus, et personne ne leur répond.

Chez ceux-là, la capote, la chemise, les chairs et le sang ont formé une masse compacte qu'on ne peut détacher.

Ici, est un soldat entièrement défiguré dont la langue sort démesurément de sa mâchoire déchirée et brisée ; il s'agite et veut se lever, j'arrose ses lèvres desséchées et sa langue durcie : saisissant une poignée de charpie, je la trempe dans le seau que l'on porte derrière moi, et je presse l'eau de cette éponge improvisée dans l'ouverture informe qui remplace sa bouche.

Là, est un malheureux dont une partie de la face, le nez, les lèvres, le menton ont été enlevés par un coup de sabre ; dans l'impossibilité de parler et à moitié aveuglé, il fait des signes avec la main, et par cette pantomime navrante, accompagnée de sons gutturaux, il attire sur lui l'attention ; je lui donne à boire et fais couler sur son visage saignant quelques gouttes d'eau pure.

Un troisième, le crâne ouvert, expire en répandant ses cervelles sur les dalles de l'église ; ses compagnons d'infortune le repoussent du pied parce qu'il gêne le passage ; je protége ses derniers moments et recouvre d'un mouchoir sa pauvre tête qu'il remue faiblement encore.

Quoique chaque maison soit devenue une infirmerie, et que chaque famille ait assez à faire de soigner les officiers qu'elle a recueillis, je réussis, dès le dimanche matin, à réunir un certain nombre de femmes du peuple, qui secondent de leur mieux les efforts que l'on fait pour venir au secours de tant de milliers de blessés. Il faut donner à manger, et avant tout à boire, à des gens qui meurent littéralement de faim et de soif, panser leurs plaies, laver ces corps sanglants, couverts de boue et de vermine, et faire tout cela dans une atmosphère brûlante, au milieu d'exhalaisons fétides et nauséabondes, de lamentations et de hurlements de douleur !

Cependant, un noyau de volontaires s'est formé. J'organise, tant bien que mal, les secours dans celui des quartiers qui me paraît en être le plus dépourvu, et j'adopte l'une des églises de Castiglione, nommée Chiesa Maggiorre.

Près de cinq cents soldats y sont entassés. Sur de la paille, devant l'église, une centaine d'autres souffrent et gémissent.

Dans les églises, les femmes lombardes vont de l'un à l'autre avec des jarres et des bidons remplis d'une eau limpide qui sert à étancher la soif, à humecter les plaies : quelques-unes de ces infirmières improvisées sont de bonnes vieilles femmes, d'autres de charmantes jeunes filles ; leur douceur, leur bonté, leur compassion, leurs soins attentifs relèvent un peu le courage et le moral des malades.

Des petits gamins de l'endroit vont et viennent des églises aux fontaines les plus rapprochées avec des seaux, des bidons ou des arrosoirs.

Aux distributions d'eau succèdent des distributions de bouillon et de soupe, dont le service de l'Intendance est obligé de faire des quantités prodigieuses.

D'énormes ballots de charpie ont été entreposés ici et là. Chacun peut en user en toute liberté; mais, les bandelettes, les linges, les chemises font défaut, et l'on a de la peine à se procurer même les objets de première nécessité. J'achète pourtant des chemises neuves, par l'entremise de ces braves femmes qui ont déjà donné tout leur vieux linge; et, le lundi matin, j'envoie mon cocher à Brescia pour y chercher des provisions. Il en revient, quelques heures après, avec son cabriolet chargé d'éponges, de bandes de toile, d'épingles, de cigares, de tabac, de camomilles, de mauves, de sureau, d'oranges, de sucre et de citrons.

Cela permet de donner une limonade rafraîchissante, de laver les plaies avec de l'eau de mauves, d'appliquer des compresses tièdes et de renouveler les bandages de pansements.

En attendant, nous avons gagné des recrues qui se joignent à nous. C'est d'abord un vieil officier de marine, puis deux touristes anglais qui, voulant tout voir, sont entrés dans l'église, et que nous retenons et gardons presque de force. Deux autres Anglais se montrent, au contraire, fort désireux de nous aider ; ils distribuent des cigares aux Autrichiens. Un abbé italien, trois ou quatre voyageurs et curieux, un négociant de Neuchâtel, un journaliste de Paris, qui se charge ensuite de diriger les secours dans une église voisine, et quelques officiers dont le détachement a reçu l'ordre de rester à Castiglione, nous prêtent leur assistance.

Mais bientôt, plusieurs de ces infirmiers volontaires se retirent, incapables de supporter l'aspect de ces souffrances auxquelles ils ne sont pas habitués. L'abbé a suivi leur exemple, il reparaît cependant pour nous faire respirer, par une attention délicate, des herbes aromatiques et des flacons de sels. Un touriste, oppressé par la vue de ces débris vivants, se trouve mal d'émotion. Le négociant de Neuchâtel persévère, pendant deux jours, à panser des plaies et à écrire, pour les mourants, des lettres d'adieux à leurs familles. On est obligé de calmer l'exaltation compatissante d'un Belge, exaltation telle qu'on craignait de lui voir perdre la tête ou prendre un accès de fièvre chaude.

Quelques hommes du détachement, laissé en garnison dans la ville, essaient de secourir leurs camarades, mais ils ne peuvent soutenir un spectacle qui abat leur moral en frappant trop vivement leur imagination. Un caporal du génie, blessé à Magenta, à peu près guéri, retournant au bataillon, et auquel sa feuille de route accorde quelques jours, nous accompagne et nous aide avec courage.

L'intendant français, qui vient de s'établir à Castiglione, accorde enfin l'autorisation d'utiliser, pour le service des hôpitaux, des prisonniers bien portants, et trois ou quatre médecins autrichiens viennent seconder les efforts des trop rares chirurgiens qui sont demeurés à Castiglione.

Un médecin allemand, resté volontairement sur le champ de bataille pour panser les blessés, se consacre à ceux des deux armées. Au bout de trois jours, l'intendant le renvoie, à Mantoue, rejoindre ses compatriotes.

« Ne me laissez pas mourir ! » s'écriaient quelques-uns de ces agonisants au désespoir qui, après m'avoir saisi la main, ne tardent pas à expirer.

« Ah ! monsieur, si vous pouviez écrire à mon père, qu'il console ma pauvre mère ! » me disait un caporal, nommé Mazuet, âgé de vingt ans à peine. Je pris l'adresse de ses parents, et quelques instants plus tard, il avait cessé de vivre.

Un vieux sergent, décoré de plusieurs chevrons, répétait avec une tristesse profonde et avec un air de conviction plein d'amertume : « Si l'on m'avait soigné plus tôt, j'aurais pu vivre, tandis que ce soir je serai mort ! » Le soir il était mort !

« Je ne veux pas mourir, je ne veux pas mourir ! » vociférait avec une énergie farouche un grenadier de la garde, plein de force et de vigueur trois jours auparavant, mais qui, blessé à mort et sentant bien que ses moments étaient irrévocablement comptés, se débattait contre cette sombre certitude. Je lui parle, il m'écoute ; et cet homme, adouci, apaisé, consolé, finit par se résigner à mourir avec la simplicité d'un enfant.

Au fond de l'église, dans l'enfoncement d'un autel, un chasseur d'Afrique est couché sur de la paille ; trois balles l'ont frappé, une au flanc droit, une à l'épaule gauche et la troisième est restée dans la jambe droite ; nous sommes au dimanche, et il affirme n'avoir rien mangé depuis le vendredi ; il est souillé de boue séchée et de grumeaux de sang, ses vêtements sont déchirés, sa chemise est en lambeaux. Après avoir lavé ses plaies, lui avoir fait prendre un peu de soupe et l'avoir enveloppé dans une couverture de laine, on put le faire partir pour une ambulance meilleure.

A l'entrée de l'église est un Hongrois qui crie sans trêve ni repos, réclamant un médecin avec un accent déchirant. Son dos et ses épaules, labourés par des éclats de mitraille, et comme déchiquetés par des crocs de fer, laissent voir ses chairs rouges et palpitantes. Le reste de son corps est enflé, noir, verdâtre. Il ne peut ni se coucher, ni s'asseoir. Je trempe des flots de charpie dans de l'eau fraîche, et j'essaie de lui en faire une couche, mais la gangrène ne tardera pas à l'emporter.

Beaucoup de ces pauvres gens ont besoin d'être consolés comme des petits enfants. Les fatigues précédentes, le manque de nourriture et de repos, la violence de la douleur, la crainte de mourir sans secours développaient, même chez les plus intrépides soldats, une sensibilité nerveuse qui se traduisait par un ébranlement général. Leur pensée dominante, lorsqu'ils ne sont pas trop cruellement souffrants, c'est le souvenir de leur mère, et le chagrin qu'elle éprouvera en apprenant leur sort. On a trouvé, suspendu au cou d'un soldat mort, un médaillon renfermant le portrait d'une femme âgée, sa mère sans doute, que de sa main gauche il pressait sur son cœur.

Une centaine au moins de soldats et de sous-officiers français, couchés dans l'église *Maggiore*, pliés chacun dans une couverture, sont rapprochés sur deux rangs parallèles, entre lesquels on peut passer.

Ils ont tous été pansés, la distribution de soupe a eu lieu ; ils sont calmes, ils me suivent des yeux : toutes les têtes se tournent à droite si je vais à droite, à gauche si je vais à gauche, et une sincère reconnaissance se peint sur leur figure étonnée.

« On voit bien que c'est un Parisien, disent les uns.

«Non, répliquent d'autres, il m'a l'air d'être du Midi.

«N'est-ce pas, monsieur, que vous êtes de Bordeaux? » me demande un troisième, et chacun veut que je sois de sa province ou de sa ville.

La résignation que montraient souvent ces pauvres soldats était remarquable et touchante : ils souffraient sans se plaindre, ils mouraient humblement et sans bruit.

Quelques prisonniers autrichiens blessés craignent de recevoir des soins dont ils se défient. Ils arrachent leurs bandages et font saigner leurs blessures. Un Croate prit la balle qu'on venait de lui extraire et la lança au front du chirurgien. D'autres demeurent silencieux, mornes et impassibles.

Mais la plupart sont loin de se montrer insensibles aux bons traitements, et leur visage exprime leur gratitude. L'un d'eux, âgé de dix-neuf ans à peine qui se trouve, avec une quarantaine de ses compatriotes, dans la partie la plus reculée de l'église, est depuis deux jours sans nourriture. Il a perdu un œil, il tremble de la fièvre ; à peine a-t-il la force de parler et de boire un peu de bouillon. Nos soins le raniment ; et vingt-quatre heures plus tard, lorsqu'on put le diriger sur Brescia. c'est avec regret qu'il nous quitte, presque avec désespoir; il pressait sur ses lèvres les mains des femmes charitables de Castiglione, en les suppliant de ne pas l'abandonner.

Un autre prisonnier, en proie à une fièvre ardente, attire les regards ; il n'a pas vingt ans et ses cheveux sont tout blancs : ils ont blanchi le jour de la bataille, à ce que nous assurent ses camarades.

Les femmes de Castiglione, voyant que je ne fais aucune distinction de nationalité, suivent mon exemple, en témoignant la même bienveillance à tous ces hommes d'origines si diverses, et qui leur sont tous également étrangers. « *Tutti fratelli,* » répétaient-elles avec compassion.

Honneur à ces femmes compatissantes, à ces jeunes filles de Castiglione! Dévouées autant que modestes, elles n'ont compté ni les fatigues, ni les dégoûts, ni les sacrifices; rien ne les a rebutées, lassées ou découragées.

Pour le soldat, rentré dans la vie journalière de l'armée en campagne, après les grandes fatigues et les fortes émotions d'une bataille comme celle de Solférino, les souvenirs de la famille deviennent plus vifs que jamais. Cet état moral est vivement dépeint dans ces lignes touchantes d'un officier, écrivant, de Volta, à son frère demeuré en France :

« Tu ne peux te figurer combien le soldat est ému quand il voit paraître le vaguemestre chargé de la distribution des lettres à l'armée; c'est qu'il nous apporte, vois-tu, des nouvelles de la France, du pays, de nos parents, de nos amis! Chacun écoute, regarde et tend vers lui des mains avides. Les heureux, ceux qui ont une lettre, l'ouvrent précipitamment et la dévorent aussitôt; les autres, les déshérités, s'éloignent le cœur gros, et se retirent à l'écart pour penser à ceux qui sont restés là-bas.

« Quelquefois on appelle un nom auquel il n'est pas répondu. On se regarde, on s'interroge, on attend. « Mort! » a murmuré une voix; et le vaguemestre serre cette lettre, qui retournera, sans être décachetée, à ceux qui l'avaient écrite. Ils étaient joyeux alors ceux-là, ils se disaient : « Comme il sera content, lorsqu'il la recevra! » Et, quand ils la verront revenir, leur pauvre cœur se brisera. »

Les rues de Castiglione sont plus calmes. Les morts et les départs ont fait de la place.

Malgré l'arrivée de nouvelles charrettes de blessés, l'ordre s'établit peu à peu, et les services commencent à se régulariser.

Les convois de Castiglione à Brescia sont plus fréquents; ils se composent principalement de voitures d'ambulance et de ces grossiers chariots qui apportent sans cesse au camp français des munitions et des approvisionnements de toute nature.

Ils sont traînés par des bœufs, marchant lentement, bien lentement, sous un soleil brûlant et dans une poussière telle que le piéton y enfonce jusqu'au-dessus de la cheville du pied.

Lors même que ces véhicules, si mal commodes, sont garnis de branches d'arbres, celles-ci ne préservent que bien imparfaitement de l'ardeur d'un ciel de feu les blessés entassés, pour ainsi dire, les uns sur les autres.

On peut se figurer les tortures de ce long trajet!

Dans ces voitures, les uns gémissent, d'autres évoquent leur mère, ailleurs ce sont les rêveries et le délire de la fièvre, quelquefois des malédictions et des blasphèmes.

La moindre marque d'intérêt adressée à ces malheureux, un salut amical, semblent leur faire du bien, ils le rendent aussitôt avec l'expression de la reconnaissance.

Dans toutes les bourgades situées sur la route qui conduit à Brescia, les villageoises, assises devant leur porte, font silencieusement de la charpie. Les autorités communales, ayant fait préparer des boissons, du pain, des aliments, lorsqu'un convoi arrive, les paysannes montent sur les voitures, lavent les plaies, renouvellent la charpie, changent les compresses, qu'elles imbibent d'eau fraîche; elles versent des cuillerées de bouillon, de vin ou de limonade dans la bouche de ceux qui n'ont plus la force de lever la tête ni de tendre les bras. A Montechiaro, les trois petits hôpitaux de cette localité sont desservis par les femmes de l'endroit qui donnent leurs soins avec autant d'intelligence que de bonté. A Guidizzolo, un millier d'invalides ont été installés dans un vaste château. A Volta, c'est un ancien couvent transformé en caserne, qui reçoit des centaines d'Autrichiens. A Cavriana, on a établi dans l'église principale des Hongrois, restés étendus, pendant quarante-huit heures sous les galeries d'un méchant corps-de-garde.

A l'ambulance du grand quartier général, on pratique des opérations, en employant le chloroforme qui produit généralement chez les Autrichiens une insensibilité presque immédiate, et chez les Français des contractions nerveuses, accompagnées d'exaltation, avant d'amener le calme avec l'insensibilité complète.

Les hommes adonnés à l'usage des liqueurs fortes ne sont que très-difficilement chloroformés et se débattent longtemps contre ce puissant anesthésique.

Les habitants de Cavriana sont dépourvus de denrées et de provisions. Les campagnes ont été ravagées, et à peu près tout ce qui se pouvait consommer, en produits du sol et en bétail, a été vendu aux troupes autrichiennes. Les soldats de la garde nourrissent les indigènes en partageant avec eux leurs rations et leur gamelle. L'armée française, si elle a des vivres de campagne en abondance, grâce à la prévoyance de son Administration, a bien de la peine à se procurer le beurre, la graisse, les légumes qui, d'habitude, sont ajoutés à l'ordinaire du soldat.

Les blessés de l'armée sarde qui ont été transportés à Desenzano, Rivoltella, Lonato et Pozzolengo s'y trouvent dans des conditions moins désavantageuses que les soldats français et autrichiens, entreposés à Castiglione. Desenzano et Rivoltella n'ayant pas été occupés, à peu de jours d'intervalle, par deux armées différentes, on y trouve des vivres ; les ambulances y sont bien tenues ; et les habitants, moins troublés, y secondent activement le service de l'infirmerie. Les malades sont expédiés sur Brescia dans de bonnes charrettes garnies d'une épaisse couche de foin ; ils sont abrités du soleil par des berceaux de feuillages entrelacés, avec une forte toile tendue par-dessus.

Excédé de fatigue, ne pouvant plus trouver le sommeil, je fais atteler mon cabriolet, dans l'après-midi du lundi 27, et je pars, vers six heures, pour respirer en plein air la fraîcheur du soir, pour prendre quelque repos, en échappant un moment aux scènes lugubres dont je suis entouré de tous côtés à Castiglione.

C'était un jour favorable : aucun mouvement de troupes n'ayant été ordonné pour la journée.

Le calme a succédé aux terribles agitations des jours précédents. Çà et là, on aperçoit des flaques de sang séché qui rougissent le champ de bataille. On rencontre des terres fraîchement remuées, blanchies et saupoudrées de chaux, indiquant la place où reposent les victimes du 24.

A Solférino, dont la tour carrée domine fièrement, depuis des siècles, ce pays où, pour la troisième fois, viennent de se heurter deux des plus grandes puissances des temps modernes, on relève encore de nombreux débris qui couvrent, jusque dans le cimetière, les croix et les pierres ensanglantées des tombeaux.

Le sol y est jonché de sabres, de fusils, de havre-sacs, de gibernes, de gamelles, de shakos, de casques, de ceinturons tordus, détériorés, lacérés.

J'arrive, vers neuf heures du soir, à Cavriana.

C'est un spectacle imposant que le train de guerre qui entoure le quartier général de l'empereur des Français.

Je cherche le maréchal duc de Magenta, que je connais personnellement.

Ne sachant pas précisément où est campé son corps d'armée, je fais arrêter mon cabriolet sur une petite place en face de la maison habitée, depuis le vendredi soir, par l'empereur Napoléon, et je tombe au milieu d'un groupe de généraux, assis sur des chaises de paille et des escabeaux de bois, fumant leurs cigares, et prenant le frais devant le palais improvisé de leur Souverain.

Pendant que je m'informe de la direction assignée au maréchal de Mac-Mahon, ces officiers-généraux, fort intrigués de mon arrivée, interrogent le caporal qui m'accompagne, et qui, placé à côté du cocher, me donne un caractère officiel : c'était pour moi un véritable sauf-conduit. Les généraux voudraient savoir qui je suis, et découvrir le but de la mission dont ils me croient chargé. Un simple touriste n'eût jamais, selon eux, osé se risquer, seul, au milieu des camps, dans un pareil moment.

Le caporal, qui ne savait rien, demeura impénétrable, tout en répondant respectueusement à leurs questions ; aussi la curiosité augmenta considérablement lorsqu'on me vit partir pour Borghetto, où était le duc de Magenta.

Le deuxième corps, commandé par ce maréchal, s'était transporté de Cavriana à Castellaro qui en est éloigné de cinq kilomètres ; ses divisions étaient campées à droite et à gauche de la route conduisant de Castellaro à Monzambano. Le maréchal lui-même, avec son état-major, occupait Borghetto.

Malgré la nuit, qui est arrivée, nous continuons notre route. Les feux de bivouac, alimentés par des arbres entiers, les tentes éclairées des officiers, enfin les derniers murmures d'un camp qui s'endort et qui veille reposent agréablement mon imagination surexcitée. Sous ce beau ciel étoilé, un silence solennel fait place enfin aux bruits et aux émotions de la journée. Je respire avec délice l'air pur et doux d'une splendide nuit d'Italie.

N'ayant obtenu que des renseignements incomplets, nous nous trompons de route, en prenant un chemin qui mène à Volta. Nous allons tomber dans le corps d'armée du général Niel, nommé maréchal depuis trois jours, et qui est campé aux environs de cette petite ville.

Mon cocher italien était si effrayé à l'idée de se trouver aussi rapproché des Autrichiens, qu'à plus d'une reprise je fus obligé de lui retirer les guides et de les mettre aux mains du caporal ou de les prendre moi-même. Le pauvre homme s'était enfui de Mantoue une semaine auparavant, afin de se soustraire au service autrichien ; réfugié à Brescia, il s'était engagé chez un voiturier. Sa frayeur augmenta en entendant un coup de feu tiré de loin par un Autrichien qui se sauva à notre approche et disparut dans les taillis.

Il ne faut pas oublier que, lors de la retraite de l'armée autrichienne, bien des soldats fugitifs s'étaient cachés dans les caves des maisons de petits hameaux, abandonnés par leurs habitants et à moitié saccagés. Isolés, et prévenus contre les Français, ils s'étaient d'abord abreuvés et nourris, tant bien que mal, dans ces souterrains, puis, pressés par la faim, ils erraient à l'aventure pendant la nuit.

Le malheureux Mantouan, rempli d'effroi, ne peut plus conduire son cheval en ligne droite, il tourne continuellement la tête, il interroge d'un air effaré tous les buissons du chemin, les haies, les masures, appréhendant à chaque instant d'y voir surgir des Autrichiens embusqués. Ses craintes redoublent au moindre tournant de route, et peu s'en faut qu'il ne tombe en syncope lorsque, dans le silence de la nuit, nous sommes surpris par un coup de feu d'une vedette que l'obscurité nous empêchait d'apercevoir. Son épouvante n'a plus de bornes quand s'offre, indistinctement, à nos regards, un grand parapluie tout ouvert, placé sur le bord d'un champ, près d'un sentier conduisant à Volta. Ce pauvre parapluie, troué de balles et de boulets, avait sans doute fait partie du bagage de quelque cantinière à laquelle l'orage du 24 l'avait enlevé.

Nous avions rebroussé chemin pour reprendre la route de Borghetto. Il était plus de onze heures. Nous faisions galoper notre cheval; et, notre modeste carriole, franchissant l'espace, filait sans bruit sur la *Strada Cavallara*, lorsque les cris : « Qui vive, qui vive, qui vive, ou je fais feu ! » partent, comme un trait, de la bouche d'une vedette invisible.

« France ! » répond aussitôt une voix forte qui ajoute, en déclinant son grade : « Caporal au premier génie, septième compagnie... »

« Passez au large, » nous est-il répondu.

Enfin, à minuit moins un quart, nous atteignons, sans autre rencontre, les premières maisons de Borghetto.

Tout y est sombre et silencieux. Cëpendant une lumière brille à un rez-de-chaussée de la rue principale où sont occupés, dans une chambre basse, des officiers comptables. Quoique troublés dans leur travail, et fort surpris d'une apparition à pareille heure, ils se montrent pleins de courtoisie. Un officier-payeur, M. Outrey, m'offre une cordiale hospitalité. Son ordonnance apporte un matelas, sur lequel je me jette tout habillé pour reposer quelques heures, après avoir pris cependant un excellent bouillon qui me parut d'autant plus délicieux, que j'avais faim, et que depuis bien des jours, je n'avais rien mangé de passable.

Je pus dormir tranquillement sans être,

comme à Castiglione, suffoqué par des exhalaisons méphitiques et harcelé par les mouches qui, rassasiées de cadavres, venaient encore s'attaquer aux vivants.

Le caporal et le cocher s'étaient tout simplement intallés dans le cabriolet resté dans la rue, mais l'infortuné Mantouan, dans des transes continuelles, ne put fermer l'œil de la nuit, et le lendemain, il était plus mort que vif.

Le mardi 28, à six heures du matin, j'étais reçu avec la plus aimable bienveillance par le maréchal de Mac-Mahon.

A dix heures, j'étais de retour à Cavriana; et, peu après, j'entrais dans la modeste maison, désormais historique, où se trouvait encore logé l'empereur Napoléon.

A trois heures après midi, j'arrivais de nouveau au milieu des blessés de Castiglione qui m'exprimaient leur joie de me revoir.

Le 30 juin j'étais à Brescia.

Cette ville, si gracieuse et si pittoresque, est transformée, non pas en une grande ambulance provisoire comme Castiglione, mais bien en un immense hôpital. Ses deux cathédrales, ses églises, ses palais, ses couvents, ses collèges, ses casernes, en un mot, tous ses édifices reçoivent les victimes de Solférino. Quinze mille lits y ont été improvisés, en quelque sorte, du jour au lendemain. Les généreux habitants ont fait probablement plus que jamais on n'avait fait nulle part, en de pareilles conjectures.

Au centre de la ville, la vieille basilique, *il Duomo vecchio*, renferme un millier de blessés. Le peuple vient en foule auprès d'eux, et les femmes de toutes les classes leur apportent à profusion des oranges, des gelées, des biscuits, des bonbons, des friandises. La plus humble veuve ou la plus pauvre petite vieille ne se croit pas dispensée de venir présenter son tribut de sympathie et sa modeste offrande.

Des scènes analogues ont lieu dans la nouvelle cathédrale, magnifique temple en marbre blanc à la vaste coupole, où sont agglomérés des blessés, par centaines ; il en est de même dans les quarante autres édifices, églises ou hôpitaux qui contiennent, entre eux tous, près de vingt mille blessés et malades.

La municipalité de Brescia comprit les devoirs extraordinaires que lui imposaient des circonstances aussi graves. Constituée en permanence, elle sut s'entourer des lumières et des conseils des citoyens les plus notables, qui l'appuyèrent efficacement de leur concours empressé.

En faisant ouvrir un couvent, une école ou une église, la municipalité créait, en peu d'heures et comme par enchantement, des hôpitaux pourvus de centaines de lits, d'une cuisine spacieuse, d'une buanderie, approvisionnés de linge comme de tout ce qui pouvait être nécessaire.

Ces mesures furent prises avec un tel empressement et avec tant de cœur qu'au bout de peu de jours on admirait le bon ordre et la marche régulière de ces hospices improvisés. La population de Brescia, s'élevant à quarante mille habitants, fut presque subitement doublée par la masse des blessés et des malades. Les médecins, au nombre de cent quarante, déployèrent un dévouement admirable pour le bien général, durant tout le temps de leurs fonctions difficiles et fatigantes. Ils étaient secondés par des étudiants en médecine et par quelques personnes de bonne volonté.

Des comités auxiliaires s'étant organisés, une commission particulière fut nommée pour recevoir les dons et les offrandes en literie, lingerie et provisions de toute espèce ; une autre commission eut la direction du dépôt ou magasin central.

Dans les vastes salles des hôpitaux les officiers sont ordinairement séparés des soldats ; les Autrichiens ne sont pas confondus avec les Alliés. Les séries de lits sont toutes semblables ; sur une étagère au-dessus de chaque homme, son uniforme et son képi font distinguer l'arme à laquelle il appartient.

On commence à empêcher la multitude d'entrer, elle gêne et embarrasse le service.

A côté de militaires aux figures martiales et résignées, on en voit d'autres qui murmurent.

L'idée d'une amputation n'épouvante pas le soldat français, à l'esprit insouciant, vif, souple, facile, quoique souvent impatient et irritable; mais les Autrichiens, d'humeur moins légère, sont plus disposés à s'attrister dans leur isolement.

Je retrouve dans ces salles plusieurs blessés de Castiglione.

Ils sont mieux soignés maintenant, mais leurs épreuves ne sont pas finies.

Voici l'un de ces héroïques voltigeurs de la garde. Atteint d'un coup de feu à la jambe, il a séjourné à Castiglione où je l'ai pansé pour la première fois.

Il est étendu sur son grabat, l'expression de son visage dénote une profonde souffrance, il a les yeux caves et ardents, son teint jaune et livide annonce que la fièvre purulente est venue compliquer et aggraver son état, ses lèvres sont sèches, sa voix tremblotante. La hardiesse du brave a fait place à je ne sais quel sentiment d'appréhension, d'hésitation craintive, les soins même l'énervent, il a peur qu'on ne s'approche de sa pauvre jambe, envahie déjà par la gangrène.

Le chirurgien français, qui fait les amputations, passe devant son lit, le malade lui prend la main qu'il serre dans les siennes, dont le toucher est comme celui d'un fer brûlant.

« Ne me faites pas de mal, c'est horrible ce que je souffre ! » s'écrie-t-il.

Mais il faut agir, et sans retard. Vingt autres blessés doivent être opérés dans la même matinée, et cent cinquante attendent leur pansement. On n'a pas le temps de s'apitoyer sur un seul ni de s'arrêter à ses irrésolutions.

Le chirurgien, d'un ton froid et résolu, répond : « Laissez-moi faire. » Puis, il relève rapidement la couverture. La jambe fracturée a doublé de volume, de trois endroits s'écoule une suppuration abondante et fétide, des taches violettes prouvent qu'une artère ayant été rompue, le membre fracturé ne peut plus être nourri. Il n'y a donc plus de remède, et la seule ressource, s'il en a une, c'est l'amputation au tiers supérieur de la cuisse.

Amputation! mot effrayant pour ce malheureux jeune homme, qui dès lors ne voit devant lui d'autre alternative qu'une mort prochaine ou la misérable existence d'un estropié.

Il n'a plus le temps de se préparer à la dernière décision. « Mon Dieu, mon Dieu, qu'allez-vous faire? » demande-t-il tout frissonnant.

Le chirurgien ne répond pas.

« Infirmier, transportez ! » dit-il.

Mais, un cri déchirant s'élève de cette poitrine haletante, l'infirmier maladroit a saisi la jambe inerte, et pourtant si sensible, beaucoup trop près de la plaie : les os fracturés en pénétrant dans les chairs ont causé un nouveau supplice au soldat, dont on voit la jambe fléchir, ballottée par les secousses du transport jusqu'à la salle des opérations.

Affreux cortége! Il semble que l'on conduise une victime à la mort.

Il repose enfin sur la table des opérations, qui est recouverte d'un mince matelas ; à côté de lui, sur une autre table, une serviette cache les instruments. Le chirurgien, tout à son affaire, n'entend et ne voit plus que son opération.

Un aide-major retient les bras du patient, pendant que l'infirmier, saisissant la jambe saine, attire de toutes ses forces le malade vers le bord de la table. Celui-ci effrayé s'écrie : « Ne me laissez pas tomber ! » et il serre convulsivement avec ses bras le jeune docteur prêt à le soutenir, et qui lui-même, pâle d'émotion, est presque aussi troublé.

L'opérateur a ôté son habit, il a retroussé

ses manches, un large tablier remonte jusqu'à son cou ; un genou sur les dalles de la salle et la main armée du terrible couteau, il entoure de son bras la cuisse du soldat. D'un seul coup il fend la peau dans toute sa circonférence. Un cri perçant retentit dans l'hôpital. Le jeune médecin, face à face avec le martyr, peut contempler, sur ses traits contractés, les moindres détails de cette atroce agonie.

« Courage, » dit-il à demi-voix au soldat, dont il sent les mains se crisper sur son dos, « deux minutes encore et vous serez délivré ! »

Le chirurgien s'est relevé, il a commencé à séparer la peau des muscles, qu'elle recouvre, et qu'il met à nu ; il découpe et pèle en quelque sorte les chairs en retroussant la peau de bas en haut, à la hauteur d'un pouce, comme une manchette. Puis, revenant à la charge, d'un tour vigoureux il tranche avec son couteau tous les muscles jusqu'à l'os. Un torrent de sang jaillit des artères qui viennent d'être ouvertes, inonde l'opérateur et ruisselle sur le plancher.

Calme et impassible, le rude praticien ne prononce pas un mot; mais, tout à coup, au milieu du silence qui règne dans la salle, il s'adresse avec colère à l'infirmier maladroit : « Imbécile, lui dit-il, ne savez-vous pas comprimer les artères? »

Ce dernier, peu expérimenté, n'a pas su prévenir l'hémorrhagie en appliquant convenablement le pouce sur les vaisseaux.

Le blessé, au comble de la douleur, articule faiblement : « Oh! c'est assez, laissez-moi mourir! » et une sueur glacée découle de son visage.

Mais il y a encore une minute à passer, une minute qui est une éternité.

L'aide-major, toujours plein de sympathie, mesure les secondes, et le regard fixé soit sur le maître qui opère, soit sur le patient, dont il essaie de soutenir le courage, lui dit : « Plus qu'une minute! »

En effet, le moment de la scie est arrivé, et

déjà l'on entend l'acier qui crie en pénétrant dans l'os vif et qui sépare du corps le membre à moitié gangrené.

Mais la douleur a été trop forte sur ce corps affaibli et épuisé; les gémissements ont cessé, car le malade s'est évanoui. Le chirurgien qui n'est plus guidé par ses cris et ses plaintes, craignant que ce silence ne soit celui de la mort, le regarde avec inquiétude pour s'assurer qu'il n'a pas expiré.

Les cordiaux, tenus en réserve, ne parviennent qu'avec peine à ranimer ses yeux ternes, à demi fermés et comme flétris. Le mourant semble pourtant renaître à la vie; il est brisé et exténué, mais au moins ses grandes souffrances sont terminées.

Qu'on se représente maintenant cette opération sur un Autrichien, ne sachant ni l'italien ni le français, et qui se laisse conduire comme un mouton à la boucherie, sans pouvoir échanger une parole avec ses charitables bourreaux!

Les Français rencontrent partout de la

sympathie; ils sont flattés, choyés, encouragés; lorsqu'on leur parle de la bataille de Solférino, ils s'animent et discutent : ce souvenir, glorieux pour eux, en reportant leurs pensées ailleurs que sur eux-mêmes, adoucit un peu leur infortune. Mais les Autrichiens n'ont pas ces priviléges. Dans les hôpitaux où ils sont parqués, j'insiste pour les voir, et je pénètre presque de force dans leurs chambrées. Avec quelle gratitude ces braves gens accueillent mes paroles de consolation et le don d'un peu de tabac! Sur leurs figures résignées, se peignent des sentiments de reconnaissance qu'ils ne savent comment exprimer. Leurs regards en disent plus que tous les remercîments possibles.

Quelques-uns d'entre eux possèdent deux ou trois florins en papier, toute une petite fortune, mais ils ne peuvent échanger cette modique valeur contre du numéraire!

Les officiers se montrent particulièrement sensibles aux attentions qu'on a pour eux. Dans l'hôpital où est logé le prince d'Isembourg, ce dernier occupe, avec un autre prince allemand, une petite chambre assez confortable.

Pendant plusieurs jours de suite je distribue, sans distinction de nationalité, du tabac, des pipes, des cigares dans les églises et les hôpitaux, où l'odeur du tabac, fumé par des centaines d'hommes, est fort utile pour combattre les exhalaisons méphitiques, résultant de l'agglomération de tant de malades dans des locaux étouffants de chaleur. C'était la seule chose qui diminuât les appréhensions des blessés avant l'amputation d'un membre : beaucoup ont été opérés la pipe à la bouche. et plusieurs sont morts en fumant.

Tout ce qu'il y avait de tabac à Brescia finit par s'épuiser. On est obligé d'en faire venir de Milan.

Un notable habitant de Brescia, M. Borghetti, me conduit lui-même, dans sa voiture, aux divers hôpitaux de la ville, il m'aide à répartir mes modestes cadeaux de tabac, arrangés par les marchands en milliers de petits cornets, que portent, dans d'énormes corbeilles et de gigantesques paniers, des soldats de bonne volonté.

Partout je suis bien accueilli. Seul entre tous, un docteur lombard, nommé Calini, ne veut pas autoriser les dons de cigares dans l'hôpital San Luca, confié à ses soins. Les autres médecins, au contraire, se montrent aussi reconnaissants que leurs malades. Je voulus avoir le dernier mot à San Luca, et à la suite d'une nouvelle visite à cet hôpital, je réussis à faire une large répartition de cigares, à la grande joie des pauvres blessés, auxquels j'avais, bien innocemment, fait subir le supplice de Tantale.

Durant le cours de mes pérégrinations, je pénètre dans une succession de chambres formant le second étage d'un vaste couvent, espèce de labyrinthe dont le rez-de-chaussée et le premier étage sont remplis de malades. Je trouve dans l'une de ces chambres hautes quatre ou cinq blessés et fiévreux, dans une autre dix ou quinze, dans une troisième une vingtaine, laissés sans secours et se plaignant amèrement de n'avoir vu aucun infirmier depuis plusieurs heures. Tous me demandent, avec instance, qu'on veuille bien leur apporter un peu de bouillon au lieu de l'eau qu'ils ont pour toute boisson.

A l'extrémité d'un interminable corridor, dans une petite salle isolée, se meurt seul, immobile sur son grabat, un jeune bersaglier, saisi par le tétanos. Quoiqu'il paraisse plein de vie et qu'il ait les yeux ouverts, il n'entend, ne comprend plus rien, et demeure entièrement abandonné.

Beaucoup de soldats me prient d'écrire à leurs parents, quelques-uns à leur capitaine, qui remplace, à leurs yeux, leur famille absente.

Dans l'hôpital Saint-Clément, une dame de Brescia, la comtesse Bronna, s'emploie avec une sainte abnégation à soigner les amputés; les soldats français en parlent avec enthousiasme, les détails les plus rebutants ne l'arrêtent point. « *Sono madre!* » me dit-elle avec simplicité. « *Je suis mère!* » Ce mot exprimait bien son dévouement aussi complet que maternel.

A l'hôpital San Gaetano, un religieux franciscain, le frère Luigi, se distingue par son zèle et par sa bonté envers les malades. Un Piémontais convalescent, parlant français et italien, traduit les plaintes ou les demandes de ces derniers aux médecins lombards : on le garde comme interprète.

Dans les rues je suis arrêté, à plusieurs reprises, par des bourgeois de la ville qui me supplient de venir chez eux leur servir d'interprète auprès d'officiers français blessés, logés dans leurs maisons, entourés des meilleurs soins, mais dont ils ne connaissent pas le langage. Le malade, agité, inquiet, s'irrite de ne pas être compris, au grand désespoir de la famille dont les égards les plus sympathiques sont reçus avec la mauvaise humeur que donnent la fièvre et la souffrance. L'un d'entre eux, que le docteur italien désire saigner, s'imaginant qu'on veut l'amputer, résiste de toutes ses forces, s'échauffe, et se fait un mal affreux. Des paroles explicatives, prononcées dans leur langue maternelle, parviennent seules, au milieu de ces quiproquos lamentables, à calmer et à tranquilliser ces invalides de Solférino.

Avec quelle douceur et quelle patience les habitants de Brescia s'emploient auprès de ceux qui se sont dévoués pour leur pays afin de les délivrer de la domination étrangère! C'est un véritable chagrin qu'ils ressentent lorsque leur malade vient à mourir. Combien il est touchant de voir ces familles improvisées suivre religieusement, le long de la grande avenue de cyprès de la porte Saint-Jean, jusqu'au Campo Santo, en l'accompagnant à sa dernière demeure, le cercueil de l'officier français, leur hôte de quelques jours, qu'ils pleurent comme un ami, comme un parent, comme un fils, et dont ils ignorent peut-être le nom!

C'est pendant la nuit qu'on enterre les hommes qui meurent dans les hôpitaux. On prend note de leurs noms de famille et de leurs numéros, ce qui ne se faisait guère à Castiglione. La preuve en est que les parents du caporal Mazuet, assisté par moi à la Chiesa Maggiore, et qui demeurent à Lyon, 3, rue d'Algérie, n'ont pu obtenir d'autres nouvelles de leur enfant que celles que je leur ai données.

Toutes les villes de la Lombardie revendiquèrent leurs droits dans la répartition des blessés.

A Bergame, à Crémone, les secours étaient fort bien organisés, et les sociétés spéciales ont été secondées par des comités auxiliaires de dames, qui soignaient assidûment leurs nombreux contingents de malades.

Dans l'un des hôpitaux de Crémone un médecin italien ayant dit : « Nous réservons les bonnes choses pour nos amis de l'armée alliée, mais nous donnons à nos ennemis tout juste le nécessaire; et, s'ils meurent, tant pis! » Une dame de Crémone, qui dirigeait l'un des hôpitaux de cette ville, s'empressa de réprouver ces paroles barbares, en déclarant qu'elle entourerait toujours des mêmes soins les Autrichiens, les Français et les Sardes, ne voulant faire aucune différence entre amis et ennemis, « car, ajoutait-elle, Notre Seigneur Jésus-Christ n'a point établi de pareilles distinctions entre les hommes lorsqu'il s'agit de leur faire du bien. »

A Crémone, comme partout, les médecins français gémissent de leur insuffisance. Ecoutons le docteur Sonrier : « Je ne puis, dit-il, sans de profonds retours de tristesse, songer à une petite salle de vingt-cinq lits affectés, à Crémone, aux Autrichiens les plus gravement atteints. Je vois alors se dresser devant moi ces figures hâves, terreuses, au teint flétri par l'épuisement et une longue résorption purulente, implorant avec une pantomime accompagnée de cris déchirants, comme une grâce dernière, l'ablation d'un membre qu'on avait voulu conserver, pour aboutir à une lamentable agonie dont nous sommes demeurés les spectateurs impuissants ! »

A côté d'une phalange de courageux et infatigables chirurgiens, dont on aimerait pouvoir citer les noms (car, certes, si tuer les hommes est un titre de gloire, les guérir, et cela, souvent au péril de sa vie, mérite bien l'estime et la reconnaissance), des étudiants en médecine accoururent de Bologne, de Pise, et d'autres villes d'Italie. Un chirurgien du Canada, professeur d'anatomie à Toronto, est venu exprès de Strasbourg apporter son concours à ces hommes dévoués.

Outre les habitants de la Lombardie, des Français, des Suisses, des Belges, en passage, cherchèrent à se rendre utiles auprès des malades, mais leurs efforts se bornèrent à distribuer des oranges, des sorbets, du café, des limonades, du tabac.

A Plaisance, dont les trois hôpitaux sont administrés par des particuliers et par des dames faisant l'office d'infirmiers et d'infirmières, l'une de ces dernières, une jeune demoiselle, que sa famille suppliait de renoncer à passer ses journées à l'hôpital, à cause des fièvres contagieuses qui y régnaient, continuait son œuvre de si bon cœur et avec un entrain si aimable qu'elle était vénérée de tous les soldats. « Elle met, disaient-ils, de la joie dans l'hôpital. »

Combien eussent été précieux dans ces villes de la Lombardie quelques centaines d'infirmiers et d'infirmières volontaires, bien expérimentés et tout dévoués à une pareille œuvre! Ils auraient rallié autour d'eux des secours épars et des forces disséminées. Non-seulement le temps manquait à ceux qui étaient capables de conseiller et de guider, mais les connaissances et la pratique faisaient défaut à la plupart de ceux qui ne pouvaient apporter que leur dévouement individuel, par conséquent insuffisant et bien souvent stérile. Que pouvaient, malgré toute leur bonne volonté, en face d'une œuvre si grande et si pressante, une poignée de personnes isolées? Au bout de quelques semaines, l'enthousiasme charitable s'était naturellement refroidi. Les bourgeois, inexpérimentés et peu judicieux, apportaient quelquefois dans les églises, dans les hôpitaux, une nourriture malsaine aux blessés. On fut obligé de leur en interdire l'entrée.

Plusieurs personnes, qui auraient consenti à venir passer une heure ou deux auprès des malades, y renonçaient dès qu'il fallait pour cela une permission qui nécessitait des démarches. Les étrangers disposés à rendre service rencontraient des obstacles imprévus, tantôt d'un genre, tantôt d'un autre, de nature à les décourager.

Mais des hospitaliers volontaires bien choisis et capables, envoyés par des sociétés internationales, ayant la sanction des gouvernements, et respectés d'un commun accord par les belligérants, auraient surmonté les difficultés et fait incomparablement plus de bien.

Pendant les huit premiers jours après la bataille, les blessés dont les médecins disent à demi voix en passant devant leurs lits et en branlant la tête : « Il n'y a plus rien a faire ! » ne reçoivent plus de soins et meurent abandonnés. C'était tout naturel, vu la rareté des infirmiers, devant ce nombre énorme de blessés ! Une inexorable logique voulait qu'on les laissât périr sans plus guère s'occuper d'eux et sans leur consacrer un temps précieux qu'il était nécessaire de réserver aux soldats susceptibles de guérison !

Ils étaient nombreux, cependant, ceux que l'on condamnait ainsi d'avance, et ils n'étaient pas sourds les malheureux sur lesquels on prononçait cet arrêt inexorable.

Bientôt ils s'aperçoivent de leur délaissement. C'est le cœur déchiré, ulcéré, qu'ils rendent le dernier soupir, sans que personne y prenne garde. La fin de tel d'entre eux est rendue plus triste et plus amère par le voisinage, sur un grabat, à côté du sien, d'un jeune soldat, légèrement blessé, dont les sottes plaisanteries ne lui laissent ni trêve ni repos. Dans l'autre lit voisin, un de ses compagnons d'infortune vient d'expirer, ce qui le force d'assister, lui moribond, à des funérailles, beaucoup trop lestement faites, qui lui mettent d'avance les siennes sous les yeux! A l'article de la mort, il faut qu'il voie certaines gens profiter de son état de faiblesse pour aller fureter dans son havre-sac et emporter ce qu'ils y trouvent à leur convenance!

Ce mourant a depuis huit jours des lettres de sa famille à la poste; si elles lui étaient remises, elles seraient pour lui une consolation suprême; il a supplié les gardiens d'aller les lui chercher, pour qu'il puisse les lire avant son heure dernière, mais ceux-ci lui ont durement répondu qu'ils n'en avaient pas le temps, ayant bien autre chose à faire.

Il eût peut-être mieux valu pour toi, pauvre martyr, que tu eusses péri, frappé à mort sur le champ de carnage, au milieu de ces splendides horreurs qu'on nomme la gloire! Ton nom, du moins, n'eût pas été oublié, si tu étais tombé auprès de ton colonel en défendant le drapeau de ton régiment. Il eût encore mieux valu pour toi que tu eusses été enterré vivant par les rustres auxquels la mission d'ensevelir était dévolue, lorsque, privé de connaissance, tu as été relevé sur le mamelon des Cyprès ou dans la plaine de Médole ! Ton agonie n'eût pas été longue. Maintenant, c'est une succession d'agonies que tu dois endurer, ce n'est plus le champ d'honneur qui se présente à toi, c'est la froide mort, avec toutes ses épouvantes et le mot «*disparu*» pour oraison funèbre!

Où est cet amour de la gloire qui électrisait ce brave soldat, à l'ouverture de la campagne, et dans cette journée de Solférino, au moment où, jouant sa vie, il attentait avec vaillance à celle de ses semblables, dont il courait répandre le sang d'un pied si léger?

Où est l'ardeur des premiers combats? Où est cet entraînement magique, irrésistible, augmenté par l'odeur de la poudre, par les accents mélodieux des musiques guerrières, le son des fanfares, le bruit du canon et le sifflement des balles?

Où est, maintenant, tout cet enthousiasme qui cachait le péril, la souffrance et la mort?

C'est dans ces nombreux hôpitaux de la Lombardie que l'on pouvait voir à quel prix s'achète ce que les hommes appellent fièrement « *la gloire*, » et combien cette gloire se paie cher!

La bataille de Solférino est la seule qui, dans notre siècle, soit comparable, pour l'étendue des pertes, aux batailles de la Moskowa, de Leipzig et de Waterloo.

Comme résultat de la journée du 24 juin 1859, on comptait en tués et blessés, dans les armées autrichienne et franco-sarde, 9 généraux, 3 feldmaréchaux, 1566 officiers de tous grades, dont 630 autrichiens et 936 alliés, et environ quarante mille soldats ou sous-officiers.

De plus, du 15 juin au 31 août, on a compté, d'après les chiffres officiels, seulement en fiévreux et autres malades, 19,665 soldats reçus dans les hôpitaux de Brescia, dont plus de 19,000 appartenaient à l'armée franco-sarde. De leur côté, les Autrichiens avaient au moins 20,000 malades dans leurs hôpitaux de la Vénétie, en outre des 9 ou 10,000 blessés qui, après Solférino, au dire du baron Larrey, ont été évacués sur Vérone, dont les hôpitaux encombrés ont fini par être envahis par la pourriture d'hôpital et par le typhus.

Ainsi donc, il faut joindre aux 40,000 tués ou blessés du 24, plus de 40,000 malades fiévreux ou morts de maladie, soit par suite des fatigues excessives éprouvées le jour de la bataille, les jours qui la précédèrent immédiatement ou les semaines qui la suivirent, soit par l'influence pernicieuse du climat au milieu de l'été et dans les chaleurs tropicales des plaines de la Lombardie, soit enfin par les accidents provenant des imprudences que commettaient les soldats.

Abstraction faite du point de vue militaire et glorieux, cette bataille de Solférino a donc été, au point de vue de l'humanité, un désastre pour ainsi dire européen.

Le transport des blessés, de Brescia à Milan, qui a lieu pendant la nuit, à cause de la chaleur torride du jour, présente un spectacle aussi lugubre que dramatique, avec ses trains chargés de soldats mutilés, et l'arrivée dans les gares encombrées d'une population morne et silencieuse.

Éclairée par les pâles lueurs des torches de résine, la foule semble retenir son haleine pour écouter les gémissements et les plaintes étouffées qui arrivent jusqu'à elle des sinistres convois.

Sur le chemin de fer de Milan à Venise, les Autrichiens, en se retirant, avaient coupé, sur plusieurs points, et jusqu'au lac de Garda, la partie de la voie qui s'étend de Milan à Brescia et à Peschiera. Les premiers jours du mois de juillet, cette ligne, réparée, fut rendue à la circulation pour transporter le matériel, les munitions et les vivres expédiés à l'armée alliée. L'évacuation des hôpitaux de Brescia fut ainsi facilitée.

A chaque station, des baraques longues et étroites avaient été construites pour la réception des blessés, qui, à leur sortie des wagons, étaient déposés sur des lits, ou sur de simples matelas alignés les uns à la suite des autres. Sous ces hangars sont dressées des tables surchargées de pain, de bouillon, de vin et surtout d'eau, ainsi que de charpie et de bandelettes, dont le besoin ne discontinue pas. Une multitude de flambeaux, tenus par les jeunes gens de la localité où le convoi est arrêté, dissipent les ténèbres, et les citadins lombards se hâtent d'apporter leur tribut d'égards et de gratitude aux vainqueurs de Solférino. Dans un religieux silence ils pansent les blessés, qu'ils ont sortis des wagons avec toutes sortes de précautions, pour les étendre soigneusement sur les couches qu'ils leur ont préparées. Les dames du pays offrent aux pauvres victimes des boissons rafraîchissantes et des comestibles de toutes sortes, qu'elles distribuent dans les wagons à ceux qui, en voie de convalescence, doivent aller jusqu'à Milan.

Dans cette ville, où il arrive environ un millier de blessés par nuit, pendant plusieurs nuits de suite, les martyrs de Solférino sont reçus avec le même empressement, la même affection que l'avaient été ceux de Magenta et de Marignan.

Mais ce ne sont plus des feuilles de roses que répandent, du haut des balcons pavoisés des somptueux palais de l'aristocratie milanaise, sur des épaulettes étincelantes et sur des croix moirées d'or et d'émail, ces gracieuses et belles jeunes patriciennes, que rendait plus belles encore l'exaltation d'un enthousiasme en délire. Aujourd'hui, elles versent des larmes, expression d'une compassion douloureuse, qui va se traduire en dévouement et en abnégation.

Toutes les familles qui disposent d'une voiture viennent prendre des blessés à la gare. Le nombre des équipages envoyés par les Milanais dépasse peut-être cinq cents. Les plus belles calèches, comme les plus modestes carrioles sont, tous les soirs, dirigées à Porta Tosa, où est situé l'embarcadère du chemin de fer de Venise. Les dames italiennes tiennent à honneur de placer elles-mêmes dans leurs riches voitures, qu'elles ont garnies de matelas, de draps et d'oreillers, les hôtes qui leur tombent en partage et que transportent eux-mêmes les plus grands seigneurs lombards, aidés dans cet office par leurs serviteurs non moins empressés.

La foule acclame sur leur passage ces privilégiés de la souffrance. Elle se découvre respectueusement ; elle escorte la marche lente des convois avec des torches illuminant les mélancoliques figures des blessés qui essaient de sourire ; elle les accompagne jusqu'au seuil des palais et des maisons hospitalières, où les attendent les soins les plus assidus.

Chaque famille veut avoir chez elle des blessés français et cherche, par toutes sortes de bons procédés, à leur rendre moins sensible la privation de la patrie, des parents et des amis. Dans les demeures particulières comme dans les hôpitaux, les meilleurs médecins sont occupés auprès d'eux.

La plupart des habitants de Milan durent, au bout de peu de jours, consigner dans les hôpitaux les soldats malades qu'ils avaient recueillis chez eux, parce que l'Administration voulait éviter la dissémination des secours et un surcroît de fatigue aux médecins qui ne pouvaient suffire. Et pourtant les hôpitaux de cette ville renfermaient déjà, avant Solférino, environ neuf mille blessés, résultat des combats précédents.

Les plus grandes dames milanaises veillent au chevet du simple soldat, comme à celui de l'officier, avec la plus inébranlable constance. Mme la comtesse Verri-Borromeo, Mme la marquise Pallavicini-Trivulzio, Mme Uboldi de Capei, Mme Boselli, Mme Sala-Taverna, et beaucoup d'autres dames, oubliant leurs habitudes élégantes et commodes, passeront des mois entiers à côté des lits de douleur des malades, dont elles deviennent les anges tutélaires.

Tant de bienfaits répandus sans ostentation, tant de soins, de consolations, d'attentions de chaque moment ont bien droit, assurément, à la reconnaissance des familles de ceux qui en ont été les objets.

Quelques-unes de ces dames étaient des mères dont les vêtements de deuil rappelaient des pertes douloureuses toutes récentes. L'une d'elles disait au docteur Bertherand : « La guerre m'a ravi l'aîné de mes fils ; il est mort, il y a huit mois, des suites d'une balle reçue en combattant, avec votre armée, à Sébastopol. Quand j'ai su qu'il arrivait à Milan des Français blessés, et que je pourrais les soigner, j'ai senti que Dieu m'envoyait sa première consolation... »

Mme Verri-Borromeo, présidente du comité central de secours, dirigeait le mouvement des dépôts de lingerie et de charpie, et savait, malgré son âge avancé, trouver le temps de consacrer plusieurs heures par jour à faire des lectures aux blessés pour les distraire.

Tous les palais renferment des malades ; celui de la famille Borromée en contient trois cents.

La supérieure des Ursulines, la sœur Marina Videmari, administre un hôpital qui est un modèle d'ordre et de propreté ; elle en fait le service avec ses compagnes.

Peu à peu cependant on voit passer, prenant la route de Turin, de petits détachements de soldats français convalescents, au teint bronzé par le soleil d'Italie ; les uns ont le bras en écharpe, les autres sont soutenus par des béquilles ou portent les traces de blessures.

Leurs uniformes sont usés et déchirés, mais ils portent du linge magnifique dont de riches Lombards les ont généreusement pourvus, en échange de leurs chemises ensanglantées : « Votre sang a coulé pour la défense de notre pays, leur ont-ils dit, et nous voulons en conserver le souvenir. » Ces hommes, peu de semaines auparavant forts et robustes, aujourd'hui privés d'un bras, d'une jambe, ou la la tête empaquetée et saignante, supportent leurs maux avec résignation. Mais, incapables désormais de suivre la carrière des armes ou de venir en aide à leurs familles, ils se voient déjà, avec amertume, devenir des objets de commisération et de pitié, à charge, le plus souvent, aux autres et à eux-mêmes.

Dans l'un des hôpitaux de Milan, un sergent des zouaves de la garde, à la figure énergique et fière, qui avait été amputé d'une jambe, et avait supporté cette opération sans proférer une seule plainte, fut saisi, peu de temps après, d'une profonde tristesse, quoique son état s'améliorât et que sa convalescence fît des progrès. Cette tristesse, qui augmentait de jour en jour, demeurait inexplicable. Une sœur de charité, ayant surpris des larmes dans ses yeux, le pressa de tant de questions qu'il finit par lui avouer qu'il était le seul soutien de sa mère âgée et infirme, et que, lorsqu'il était bien portant, il lui adressait chaque mois cinq francs, fruit des économies qu'il faisait sur sa paye. Il ajouta qu'étant, actuellement, dans l'impossibilité de lui venir en aide, cette pauvre femme devait être dans un extrême besoin d'argent. La sœur de charité, touchée de commisération, lui donna une pièce de cent sous dont la valeur fut aussitôt expédiée en France. Lorsque la directrice de l'hôpital, informée de ce fait, voulut lui remettre une petite somme, il refusa de l'accepter, et il lui dit en la remerciant : « Gardez cet argent pour d'autres qui en ont plus besoin que moi; quant à ma mère, j'espère bien lui envoyer sa pension le mois prochain, car je compte pouvoir bientôt travailler. »

Une dame de Milan, portant un nom illustre, avait mis à la disposition des blessés un de ses palais, avec cent cinquante lits. Parmi les soldats logés dans ce magnifique hôtel se trouvait un grenadier du 70e qui, ayant subi une amputation, était en danger de mort. Cette dame, cherchant à consoler le blessé, lui parlait de sa famille. Celui ci lui raconta qu'il était le fils unique de pauvres paysans du département du Gers, que son grand chagrin était de laisser ses parents dans la misère, puisque lui seul pourvoyait à leur subsistance. Il ajouta que sa plus grande consolation, avant de mourir, eût été d'embrasser sa bonne mère.

Sans lui communiquer son projet, la noble Milanaise se décide subitement à quitter Milan, prend le chemin de fer, se rend dans le département du Gers, auprès de cette famille dont elle s'est procuré l'adresse, s'empare de la mère du blessé après avoir laissé deux mille francs au vieux père infirme, emmène la pauvre paysanne avec elle à Milan, et, six jours après les aveux du grenadier, le fils embrassait sa mère en pleurant et en bénissant sa bienfaitrice.

Mais, pourquoi rappeler tant de scènes de douleur et de désolation, et causer ainsi des émotions pénibles?

Pourquoi s'étendre avec complaisance sur des tableaux lamentables, et raconter des détails désespérants?

A cette question toute naturelle, nous répondrons par une autre question.

N'y aurait-il pas possibilité de fonder, dans tous les pays de l'Europe, des Sociétés qui auraient pour but de donner aux blessés ou de leur faire donner, en temps de guerre, des soins prompts et dévoués?

Puisqu'il faut renoncer aux vœux et aux espérances des membres de la Société des amis de la paix, aux beaux rêves de l'abbé de Saint-Pierre, aux aspirations du comte de Sellon; puisque les hommes continuent à s'entretuer sans se haïr, et que le comble de la gloire, à la guerre, est d'en exterminer le plus grand nombre; puisque l'on ose dire, comme Joseph de Maistre, que la guerre est divine; puisque l'on invente chaque jour, avec une persévérance digne d'un meilleur but, des moyens de destruction toujours plus terribles, et que les inventeurs de ces engins de mort sont encouragés dans la plupart des grands États de l'Europe, où l'on arme d'ailleurs à qui mieux mieux; pourquoi ne profiterait-on pas d'un temps de tranquillité relative et de calme pour résoudre la question que nous venons de poser, question d'une si haute importance, au double point de vue de l'humanité et du christianisme?

Une fois livré aux méditations de chacun, ce sujet doit guider la plume ou inspirer la parole de personnes plus habiles et plus compétentes que nous. Mais, il faut d'abord que cette idée soit présentée aux diverses nations, à toutes les branches de la grande famille européenne, et qu'elle obtienne les sympathies des âmes élevées, des cœurs susceptibles de s'émouvoir aux souffrances de leurs semblables.

Voilà pourquoi ce livre a été écrit.

Des Sociétés de ce genre, une fois constituées, avec une existence permanente, seraient, peut-être, peu actives en temps de paix, mais elles se trouveraient tout organisées au moment d'une guerre.

Chacune d'elles devra s'assurer l'appui de son gouvernement, et solliciter, en cas de lutte, auprès des Souverains des puissances belligérantes, les permissions nécessaires au succès de l'œuvre. Dans chaque pays, elles auraient à leur tête, comme membres du comité central directeur, les hommes les plus honorables et les plus estimés.

Au moment d'une entrée en campagne, les comités feraient appel à toute personne, désireuse de se consacrer momentanément à cette œuvre, qui consisterait à apporter, sous la direction de médecins expérimentés, des secours et des soins aux blessés et aux malades, sur le champ de bataille au moment même du combat, puis, dans les ambulances et dans les hôpitaux.

Le dévouement spontané n'est point aussi rare qu'on pourrait le penser. Beaucoup de personnes, désormais sûres de faire quelque bien en étant secondées et encouragées par l'Administration supérieure, iraient certainement, et quelques-unes à leurs propres frais, remplir une tâche si éminemment charitable.

Dans ce siècle d'égoïsme, quel attrait pour les cœurs généreux et compatissants, pour les caractères chevaleresques, que de braver les mêmes dangers que l'homme de guerre, mais avec une mission toute volontaire de paix et de consolation !

L'histoire prouve qu'il n'y a rien de chimérique à compter sur de pareils dévouements. Deux faits contemporains viennent tout spécialement l'affirmer. Ils ont marqué dans la guerre d'Orient, et sont en étroite corrélation avec le sujet qui nous occupe.

Peu après que la guerre eut éclaté, et pendant que les bonnes sœurs de charité soignaient les blessés et les malades de l'armée française en Crimée, les armées russe et anglaise voyaient arriver, venant du Nord et de l'Occident, deux légions de généreuses infirmières.

Madame la grande-duchesse Hélène Paulowna de Russie, née princesse Charlotte de Wurtemberg, veuve du grand-duc Michel, ayant engagé près de trois cents dames de Saint-Pétersbourg et de Moscou à aller faire le service d'hospitalières dans les hôpitaux russes de la Crimée, elle les pourvut de tout ce qui était nécessaire, et ces saintes femmes furent bénies par des milliers de soldats.

Dans l'hiver de 1854 à 1855, l'empereur Alexandre II visita les hôpitaux de la Crimée. L'âme généreuse du Czar fut si péniblement impressionnée par le spectacle qu'il eut sous les yeux, qu'il voulut aussitôt conclure la paix, ne pouvant supporter l'idée de voir se continuer des massacres, qui mettaient dans un état aussi affreux un grand nombre de ses sujets.

Du côté de l'Angleterre, miss Florence Nightingale, ayant reçu un pressant appel de lord Sidney Herbert, secrétaire de la guerre de l'empire britannique, l'invitant à aller soigner les soldats anglais en Orient, cette dame n'hésita pas à payer de sa personne par un grand dévouement. Elle partit pour Constantinople et Scutari, en novembre 1854, avec trente-sept dames anglaises qui, dès leur arrivée, donnèrent des soins aux nombreux blessés d'Inkermann. En 1855, miss Stanley étant venue l'aider, avec cinquante nouvelles compagnes, cette circonstance permit à miss Nightingale de se rendre à Balaklava pour en inspecter les hôpitaux. L'image de miss Florence Nightingale, parcourant pendant la nuit, une petite lampe à la main, les vastes dortoirs des hôpitaux militaires, et prenant note de l'état de chacun des malades, ne s'effacera jamais du cœur des hommes qui furent les objets ou les témoins de son admirable charité, et la tradition en restera gravée dans l'histoire.

Dans la multitude des dévouements analogues, anciens ou modernes, dont la plupart sont restés obscurs ou ignorés, combien n'y en a-t-il pas eu qui sont demeurés stériles, parce qu'ils étaient isolés et qu'ils n'ont pas été soutenus par des sympathies collectives, associées avec intelligence pour un but commun !

Si des hospitaliers volontaires s'étaient trouvés à Castiglione le 24, le 25 et le 26 juin, ainsi qu'à Brescia, à Mantoue ou à Vérone, que de bien ils eussent pu faire !

Que de créatures humaines ils auraient sauvées de la mort, dans cette nuit néfaste du vendredi, alors que des gémissements, des supplications déchirantes s'échappaient de la poitrine de milliers de blessés, en proie aux douleurs les plus aiguës et subissant l'inexprimable supplice de la soif !

Si le prince d'Isembourg eût été relevé plus

tôt par des mains compatissantes sur le terrain sanglant où il gisait évanoui, il n'eût pas souffert longtemps de blessures aggravées par un abandon de plusieurs heures. Si son cheval ne l'avait pas fait découvrir au milieu des cadavres, il aurait péri, faute de secours, avec tant d'autres blessés, qui n'étaient pas moins des créatures de Dieu, et dont la mort pouvait être tout aussi cruelle pour leurs familles!

Ces bonnes vieilles femmes et ces belles jeunes filles de Castiglione ne pouvaient pas sauver la vie à beaucoup de ces soldats défigurés et mutilés, auxquels elles donnèrent des soins!

Il aurait fallu non-seulement ces femmes faibles et ignorantes, mais, à côté d'elles, et en nombre suffisant, des hommes expérimentés, capables, fermes, préparés d'avance pour agir avec ordre et ensemble, seul moyen de prévenir les accidents et les fièvres qui compliquent les blessures ou les rendent mortelles.

Si l'on avait eu des aides pour relever promptement les blessés dans les plaines de

Médole, au fond des ravins de San Martino, sur les escarpements du Mont Fontana et les mamelons de Solférino, on n'eût pas laissé, pendant de longues heures, dans de poignantes angoisses, ce pauvre bersaglier, ce ulhan ou ce zouave qui s'efforçait de se soulever malgré ses atroces douleurs et faisait inutilement des signes pour qu'on dirigeât une civière de son côté.

Enfin, on eût évité le risque d'enterrer des vivants avec les morts!

Des moyens de transport mieux perfectionnés auraient épargné à ce voltigeur de la garde cette douloureuse amputation qu'il dut subir à Brescia, et qui fut nécessitée par un manque déplorable de soins pendant le trajet de l'ambulance à Castiglione.

La vue de ces jeunes invalides, privés d'un bras ou d'un jambe, rentrant tristement dans leurs foyers, ne fait-elle pas naître le remords de n'avoir pas cherché à prévenir les conséquences funestes de blessures, qui auraient pu être guéries par des secours donnés à temps?

Ces mourants, délaissés dans les ambulances de Castiglione, dans les hôpitaux de Brescia, dont plusieurs ne pouvaient se faire comprendre dans leur langue, auraient-ils rendu le dernier soupir en maudissant et blasphémant, s'ils avaient eu auprès d'eux un être charitable pour les écouter et les consoler?

Malgré les secours officiels, malgré tout le zèle des villes de la Lombardie et des habitants de Brescia, il est donc resté immensément à faire.

Il est vrai que dans aucune guerre, et dans aucun siècle, on n'avait vu un si beau déploiement de charité; mais il est pourtant resté en disproportion avec l'étendue des maux à secourir.

Pour une tâche de cette nature il ne faut pas des mercenaires, que le dégoût éloigne ou que la fatigue rend insensibles, durs et paresseux.

Il faut des secours immédiats, car ce qui peut sauver aujourd'hui le blessé ne le sauvera plus demain, et, en perdant du temps, on laisse arriver la gangrène qui emporte le malade.

Il faut des infirmiers et des infirmières volontaires, diligents, préparés d'avance, initiés à l'œuvre, qui, reconnus et approuvés par les chefs des armées en campagne, soient patronés et secondés dans leur mission.

Il faut tout cela, non-seulement sur les champs de bataille, mais aussi dans les hôpitaux où les semaines s'écoulent si longues et si douloureuses pour les blessés et les malades.

Le personnel des ambulances militaires est toujours insuffisant, et fût-il doublé ou triplé, il serait encore insuffisant.

Il faut absolument recourir au public, on y est forcé, et on y sera toujours forcé. Ce n'est que par sa coopération qu'on peut espérer d'atteindre le but.

Il y a donc un appel à adresser, une supplique à présenter aux hommes de tous pays et de tous rangs, aux puissants de ce monde comme aux plus modestes artisans, puisque tous peuvent, d'une manière ou d'une autre, chacun dans sa sphère et selon ses forces, concourir en quelque mesure à cette bonne œuvre.

Cet appel s'adresse aux dames comme aux hommes, à la Souveraine, à la princesse assise sur les marches d'un trône, comme à l'humble servante orpheline et dévouée, ou à la pauvre veuve isolée sur la terre qui désire consacrer ses dernières forces à soulager les souffrances de son prochain.

Il s'adresse au général, au maréchal, ou au ministre de la guerre, comme au philanthrope, à l'écrivain qui peut, du fond de son cabinet, développer, traiter, plaider avec talent, par ses publications, une cause comme celle-ci qui intéresse l'humanité entière, chaque peuple, chaque contrée, chaque famille même, puisque nul ne peut se dire à l'abri des chances de la guerre.

Si un général autrichien et un général français, après avoir combattu l'un contre l'autre, à Solférino, ont pu se trouver, assis l'un à côté de l'autre, à la table hospitalière du roi de Prusse, comme cela est arrivé, à

Cologne, pendant les manœuvres de l'armée prussienne, et ont pu causer à cœur ouvert, qui les aurait empêchés de discuter une question aussi digne de leur attention?

Dans des occasions extraordinaires, comme celles qui réunissent, à Cologne ou à Châlons, des princes de l'art militaire, de nationalités différentes, ne serait-il pas à souhaiter qu'ils profitassent de cette espèce de congrès pour formuler quelque principe international, conventionnel et sacré, lequel, une fois agréé et ratifié, servirait de base à des Sociétés internationales et permanentes de secours pour les blessés dans les divers pays de l'Europe?

Il importe d'autant plus de se mettre d'accord et de prendre des mesures d'avance, que, une fois les hostilités commencées, les belligérants sont déjà trop mal disposés les uns envers les autres, pour traiter les questions autrement qu'au point de vue partial de leurs ressortissants.

Ne convoque-t-on pas de petits congrès de savants, de jurisconsultes, d'agronomes, de statisticiens, d'économistes? N'y a-t-il pas des Sociétés *internationales* qui s'occupent de science, de bienfaisance, d'utilité publique, etc.? Et ne pourrait-on pas de même s'assembler pour résoudre une question aussi importante que celle qui concerne les victimes de la guerre?

L'humanité et la civilisation réclament impérieusement la création d'une institution semblable à celle qui est indiquée ici. C'est un devoir, à l'accomplissement duquel tout homme de bien, tout homme exerçant quelque influence doit accorder son concours.

Quel prince, quel Souverain refuserait son appui à ces Sociétés, et ne serait heureux de donner aux soldats de son armée la pleine assurance qu'ils seront immédiatement et convenablement soignés s'ils viennent à être blessés?

Quel État ne voudrait accorder sa protection à ceux qui chercheraient ainsi à conserver la vie d'hommes utiles? Le soldat qui défend son pays, ne mérite-t-il pas toute la sollicitude de ses concitoyens?

Quel officier, quel général, n'aimerait à

faciliter la tâche des hospitaliers volontaires?

Quel intendant militaire, quel chirurgien-major n'accepterait avec reconnaissance un détachement de personnes intelligentes, appelées à le seconder avec tact et empressement?

A une époque comme la nôtre, époque de progrès et de civilisation, et puisque les guerres ne peuvent être toujours évitées, n'est-il pas urgent de chercher à en prévenir, à en adoucir les horreurs?

Avec des Sociétés comme celles que nous avons en vue, avec leur permanence et la haute responsabilité de leurs agents, on préviendrait le gaspillage, de même que les répartitions peu judicieuses de secours.

Même en admettant certaines considérations qui, en pareille matière, peuvent paraître mesquines, ne voit-on pas qu'en perfectionnant les moyens de transport, en prévenant les accidents si fréquents pendant le trajet du champ de bataille à l'ambulance, on rendrait moins nécessaires les amputations, et on allégerait les charges qui incombent à un gouvernement par la nécessité où il est de pensionner les invalides ?

Ces Sociétés pourraient aussi rendre de grands services, à cause de leur existence permanente, dans les temps d'épidémie. ou de désastres tels qu'inondations et incendies. Le mobile d'humanité qui les aurait créées, les guiderait dans les occasions où leur action pourrait s'exercer.

Cette œuvre exigera du dévouement de la part d'un certain nombre de personnes, mais ce n'est pas l'argent nécessaire qui lui manquera jamais.

En temps de guerre, sur l'appel des comités, chacun apportera son offrande ou sa pite. Un pays ne reste pas froid et indifférent quand ses enfants se battent pour sa défense. Le sang répandu dans les combats, n'est-ce pas celui qui coule dans toutes les veines de la nation !

Pour la création du personnel des Comités placés à la tête des Sociétés, il n'est besoin que d'un peu de bonne volonté de la part de quelques hommes honorables, doués de persévérance. Ces Comités, animés d'un esprit de charité internationale, créeraient, dans chaque pays, un cadre d'hospitaliers, qui demeurerait à l'état latent pendant la paix. Les comités des différentes nations, quoique indépendants les uns des autres, sauraient bien s'entendre, communiquer ensemble, se réunir en congrès, et, lors d'une éventualité de guerre, agir pour le bien de tous.

Si les terribles moyens de destruction dont les peuples disposent actuellement, paraissent devoir, un jour, abréger la durée des guerres, en revanche les batailles n'en seront que plus meurtrières. Dans ce siècle, où l'imprévu joue un si grand rôle, les guerres éclatent souvent de la manière la plus soudaine et la plus inattendue.

N'y a-t-il pas, dans ces considérations seules, des raisons plus que suffisantes pour ne pas se laisser prendre au dépourvu?

LA CONVENTION DE GENÈVE

Après avoir mis sous les yeux de tous le tableau des souffrances des blessés, l'auteur du *Souvenir de Solférino* proposa aussitôt les moyens de leur venir en aide (1).

Il demanda et obtint la création, en temps de paix, et dans tous les pays civilisés, de comités nationaux permanents, bien préparés, soit pour utiliser l'enthousiasme charitable qui se manifeste en faveur des victimes de la guerre au moment d'une entrée en

(1) « On trouverait difficilement un exemple de publi-« cité ayant produit l'effet du *Souvenir de Solférino*. La « bonne fortune du livre de M. Dunant a été surtout « de frapper juste, à propos, de mettre en lumière un « besoin réel, et de se faire l'interprète d'un sentiment « général. »

(Rapport de M. le colonel Huber-Saladin, *vice-président honoraire du Comité central de France de la Société Internationale de secours aux blessés des armées de terre et de mer*, aux Conférences Internationales de Paris, au mois d'Août 1867).

campagne, soit pour réunir des secours de tous genres sans courir le risque de les voir rester infructueux.

Former des corps d'hospitaliers volontaires destinés à remédier à l'insuffisance du service de santé dans les armées en campagne et composés de médecins civils, d'aides, d'infirmiers ou d'autres personnes dévouées; encourager et récompenser les inventeurs d'améliorations et de perfectionnements relatifs aux hôpitaux de campagne, au matériel des ambulances, aux baraquements, aux moyens de pansement, de transport, aux préparations alimentaires, aux membres artificiels, aux appareils de tous genres destinés aux victimes de la guerre; comme aussi assurer des moyens d'existence aux blessés lorsqu'ils sont restés invalides; secourir les veuves et les orphelins des soldats, tels devaient être les occupations et les devoirs qui incomberaient aux comités nationaux. La charité civile viendrait ainsi efficacement en aide aux corps sanitaires officiels des armées.

Des conférences périodiques, siégeant alternativement dans les capitales de l'Europe, entretiendraient un même esprit d'humanité internationale qui devrait animer les comités nationaux agissant cependant chacun dans l'intérêt de son pays respectif.

Il formulait le vœu qu'à l'avenir, en temps de guerre, les belligérants considérassent tout blessé comme sacré, à quelque nation qu'il appartînt, et réclamait la neutralisation internationale et universelle des ambulances et des hôpitaux militaires (1), celle des soldats et marins blessés ou malades, ainsi que celle de tous ceux qui portent secours à ces derniers, afin de sauvegarder les uns et les autres des hasards des combats sur terre et sur mer.

(1) « Belle idée chrétienne que celle de M. Henry « Dunant de neutraliser les ambulances et les infir- « miers sur les champs de bataille ! dit au Congrès de Malines, le 31 août 1864, Mgr Dupanloup, évêque d'Orléans. « Celui qui fait le bien est de tous les pays, « et il a droit à un laissez-passer universel. »

(Discours de Mgr Dupanloup, de l'*Académie française*, au Congrès de Malines, 1864).

L'adoption d'un drapeau identique pour les ambulances et les hôpitaux des divers pays de l'Europe lui paraissait indispensable.

Enfin, il désirait la propagation, par le moyen de la presse et de publications spéciales faites par les comités nationaux, des idées d'humanité et de charité, soit au sein des populations, soit dans les armées, en faveur de l'ennemi vaincu, blessé ou prisonnier (1). Et, comme conséquence, on obtiendrait, en temps de guerre, le respect, par les armées belligérantes, des habitants d'un pays qui portent secours aux blessés, et, en temps de paix, la création de liens toujours plus étroits et plus durables entre les personnes

(1) « Une nation qui ne se joindrait pas à cette « œuvre d'humanité se mettrait au ban de l'opinion « publique en Europe, dit le roi Jean de Saxe à l'au- « teur du *Souvenir de Solférino*, à Dresde, le 2 octobre « 1863. » (Assemblee générale de la Société Française réunie au Palais de l'Industrie sous la présidence de M. le général comte de Goyon, le 8 juillet 1869. Rapport, etc.

de différentes nationalités, qui cherchent à faire prévaloir, auprès de leurs contemporains, les idées de concorde, de tolérance et de paix. Après avoir adouci les maux de la guerre, on arriverait à en diminuer la fréquence en élevant le niveau moral et intellectuel des citoyens appelés à porter les armes.

Enfin, M. Dunant voulait obtenir, en faveur de l'œuvre multiple qu'il poursuivait, l'approbation, la protection et le concours des gouvernements, ainsi que la sympathie des populations européennes (1).

Il fit approuver ses idées par un congrès international de statistique, réuni à Berlin en 1863, de même que par plusieurs associations

(1) « Les souverains et les peuples ont également « applaudi au généreux appel fait à la Charité univer- « selle par M. Dunant. »

(Allocution de M. le comte Sérurier, président des Conférences internationales des Sociétés de secours aux blessés militaires des armées de terre et de mer tenues à Paris, en 1867, à l'ouverture de ces Conférences. Compte-rendu, 2 vol., chez Baillière et fils, Paris.)

de bienfaisance de la Suisse (1), de la France (2), de la Belgique et de l'Allemagne, et d'une manière toute particulière par la Société génevoise d'utilité publique, dont les membres voulurent aider à la poursuite de leur réalisation.

Il créa plusieurs comités en Europe, notamment le Comité central de France (3), le

(1) La Société Neuchateloise pour l'avancement des sciences sociales (février 1863), les Sociétés d'utilité publique de Genève (février 1863) et de Lausanne (février 1863), la Société du bon et de l'utile de Bâle.

(2) Notamment la *Société d'Economie charitable*, présidée par M. le vicomte de Melun. Dans la séance du 7 mars 1864, le rapporteur, M. le comte de Lyonne, rendit compte du « livre de M. Henry Dunant et du « congrès réuni à Genève à la suite des nombreuses « démarches de M. Dunant. » (Compte-rendu de la *Société d'économie charitable*).

(3) M. Dunant est vice-président honoraire du Comité central de France de la *Société de secours aux blessés des armées de terre et de mer*, aujourd'hui si dignement présidée par M. le comte de Flavigny ; il est président d'honneur des Associations internationales en faveur des blessés de Belgique, d'Italie, d'Espagne, d'Allemagne, membre d'honneur des Sociétés de Hollande, d'Autriche, des États-Unis d'Amérique, etc. (*Note de l'Éd.*)

25 mai 1863, dont l'organisation définitive eut lieu le 11 mars 1865.

Une Conférence internationale, où plusieurs souverains, seize gouvernements de l'Europe et diverses sociétés de bienfaisance avaient envoyé des délégués eut lieu à Genève, du 26 au 29 octobre 1863.

Cette réunion, présidée par l'éminent général Dufour, commandant en chef l'armée de la Confédération Suisse, qui, le premier, avait encouragé l'œuvre (1) approuva hautement les vues de M. Dunant, et reconnut à

(1) « Il faut que l'on voie par des exemples aussi « palpitants que ceux que vous rapportez ce que la « gloire des champs de bataille coûte de tortures et de « larmes. On n'est que trop porté à ne voir que le côté « brillant d'une guerre, et à fermer les yeux sur ses « tristes conséquences. Il est bon d'attirer l'attention « sur cette question humanitaire, et c'est à quoi votre « livre me semble éminemment propre. Un examen « attentif et profond peut en amener la solution par le « concours des philanthropes de tous les pays. »

(Lettre du général Dufour dans les premières éditions du *Souvenir de Solférino*.)

l'unanimité ce fait, que les secours sont toujours insuffisants en temps de guerre.

A la suite de cette Conférence internationale, le Conseil Fédéral suisse, à Berne, consentit à envoyer, le 6 juin 1864, une circulaire diplomatique à tous les gouvernements civilisés, les invitant à se réunir pour la conclusion d'un traité dont les stipulations engageraient les gouvernements concordataires et consacreraient la neutralité des blessés et de ceux qui leur portent secours.

Les délégués des gouvernements, tous revêtus d'un caractère diplomatique, se réunirent à Genève le 8 août 1864, et signèrent, le 22 du même mois, une *Convention pour l'amélioration du sort des militaires blessés dans les armés en campagne*, à laquelle tous les États de l'Europe adhérèrent successivement.

Les ratifications diplomatiques relatives à cette Convention ayant été régulièrement échangées, à Berne, conformément aux usages de la diplomatie, ce traité a force de loi et vigueur dans tous les États de l'Europe sans exception, car tous l'ont ratifié.

DÉCLARATION DE LA CONFÉRENCE INTERNATIONALE.

Les membres de la Conférence, avant de se séparer, le 29 octobre 1863, firent la déclaration suivante :

« Vu l'extrême importance qui doit être attribuée à la généreuse initiative prise par M. Henry Dunant et la Société génevoise d'utilité publique, dans la question des secours à donner aux blessés sur les champs de bataille, et appréciant l'immense retentissement que les mesures projetées par la Conférence auront dans tous les pays, au sein des classes les plus intéressées dans cette question, les membres de la Conférence internationale, à la clôture de leurs travaux, déclarent :

« Que M. Henry Dunant, en provoquant, par ses « efforts persévérants, l'étude internationale des « moyens à appliquer pour l'assistance efficace des « blessés sur le champ de bataille, et la Société gene- « voise d'utilité publique, en appuyant de son concours « la généreuse pensée dont M. Dunant s'est fait l'or- « gane, ont bien mérité de l'humanité et se sont acquis « des titres éclatants à la reconnaissance universelle. »

(*Compte-rendu de la Conférence internationale réunie à Genève, les 26, 27, 28 et 29 octobre 1863, pour étudier les moyens de pourvoir à l'insuffisance du service sanitaire dans les armées en campagne*. Genève, 1863).

CONVENTION

POUR L'AMÉLIORATION DU SORT DES MILITAIRES BLESSÉS DANS LES ARMÉES EN CAMPAGNE.

ARTICLE PREMIER. — Les ambulances et les hôpitaux militaires seront reconnus neutres, et, comme tels, protégés et respectés par les belligérants, aussi longtemps qu'il s'y trouvera des malades ou des blessés.

La neutralité cesserait si ces ambulances ou ces hôpitaux étaient gardés par une force militaire.

ART 2. — Le personnel des hôpitaux et des ambulances, comprenant l'intendance, les services de santé, d'administration, de transport de blessés, ainsi que les aumôniers, participera au bénéfice de la neutralité lorsqu'il fonctionnera et tant qu'il restera des blessés à relever ou à secourir.

ART. 3. — Les personnes désignées dans l'article précédent pourront, même après l'occupation par l'ennemi, continuer à remplir leurs fonctions dans l'hôpital ou l'ambulance qu'elles desservent, ou se retirer pour rejoindre le corps auquel elles appartiennent.

Dans ces circonstances, lorsque ces personnes cesseront leurs fonctions, elles seront remises aux avant-postes ennemis par les soins de l'armée occupante.

Art. 4. — Le matériel des hôpitaux militaires demeurant soumis aux lois de la guerre, les personnes attachées à ces hôpitaux ne pourront, en se retirant, emporter que les objets qui sont leur propriété particulière.

Dans les mêmes circonstances, au contraire, l'ambulance conservera son matériel.

Art 5. — Les habitants du pays qui porteront secours aux blessés seront respectés et demeureront libres.

Les généraux des puissances belligérantes auront pour mission de prévenir les habitants de l'appel fait à leur humanité, et de la neutralité qui en sera la conséquence.

Tout blessé recueilli et soigné dans une maison y servira de sauvegarde. L'habitant qui aura recueilli chez lui des blessés sera dispensé du logement des troupes, ainsi que d'une partie des contributions de guerre qui seraient imposées.

Art. 6. — Les militaires blessés ou malades seront recueillis et soignés, à quelque nation qu'ils appartiennent.

Les commandants en chef auront la faculté de remettre immédiatement aux avant-postes ennemis les militaires ennemis blessés pendant le combat, lorsque les circonstances le permettront, et du consentement des deux parties.

Seront renvoyés dans leurs pays ceux qui, après guérison, seront reconnus incapables de servir.

Les autres pourront être également renvoyés, à la condition de ne pas reprendre les armes pendant la durée de la guerre.

Les évacuations, avec le personnel qui les dirige, seront couvertes par une neutralité absolue.

Art. 7. — Un drapeau distinctif et uniforme sera adopté pour les hôpitaux, les ambulances et les évacuations. Il devra être, en toute circonstance, accompagné du drapeau national.

Un brassard sera également admis pour le personnel neutralisé ; mais la délivrance en sera laissée à l'autorité militaire.

Le drapeau et le brassard porteront : croix rouge sur fond blanc.

Art. 8. — Les détails d'exécution de la présente Convention seront réglés par les commandants en chef des armées belligérantes, d'après les instructions de leurs gouvernements respectifs, et conformément aux principes généraux énoncés dans cette Convention.

Art. 9. — Les hautes puissances contractantes sont convenues de communiquer la présente Convention aux gouvernements qui n'ont pu envoyer des plénipotentiaires à la Conférence internationale de Genève, en les invitant à y accéder : le protocole est à cet effet laissé ouvert.

Art. 10. — La présente Convention sera ratifiée, et les ratifications en seront échangées à Berne, dans l'espace de quatre mois, ou plus tôt si faire se peut.

En foi de quoi les plénipotentiaires respectifs l'ont signée et y ont apposé le cachet de leurs armes.

Fait à Genève, le vingt-deuxième jour du mois d'août de l'an mil huit cent soixante-quatre.

L'acte de ratification de la France porte la date du 22 septembre 1864.

LISTE
DES
GOUVERNEMENTS
QUI ONT SIGNÉ LA
CONVENTION DE GENÈVE

AUTRICHE. — BADE. — BAVIÈRE. — BELGIQUE. — DANEMARK. — ESPAGNE. — ÉTATS-ROMAINS. — FRANCE. — GRANDE-BRETAGNE. — GRÈCE. — HESSE. — ITALIE. — MECKLEMBOURG-SCHWÉRIN. — PAYS-BAS. — PORTUGAL. — PRUSSE. — RUSSIE. — SAXE. — SUÈDE ET NORWÉGE. — SUISSE. — TURQUIE. — WURTEMBERG.

LA MARINE

Le 7 juillet 1867, l'Impératrice des Français exprimait à l'auteur du *Souvenir de Solférino* son vif désir de voir étendre aux guerres maritimes les principes de la Convention de 1864. Ce vœu qui avait été formulé par lui-même, dès le début de son œuvre en faveur des victimes de la guerre, n'avait pas encore été pris en considération.

Plusieurs des Puissances contractantes approuvèrent l'extension projetée, notamment l'Italie, et la Conférence internationale de Paris (26 au 31 août 1867) lui donna son entière approbation.

Sur l'invitation du Conseil fédéral suisse, une Commission internationale s'assembla le 5 octobre 1868, à Genève, et la nouvelle Conférence, présidée, comme les deux premières, par M. le général Dufour, élabora un projet d'articles additionnels spécialement applicables aux armées de mer, et elle y joignit plusieurs propositions ayant pour objet de préciser davantage quelques-unes des stipulations de la Convention de 1864. Ce projet d'articles additionnels, signé le 20 octobre 1868, fut destiné à être soumis par le Conseil fedéral à l'approbation de toutes les Puissances déjà liées par la Convention, et transformé en acte diplomatique.

ARTICLES ADDITIONNELS A LA CONVENTION.

Article premier. — Le personnel désigné dans l'article 2 de la Convention continuera, après l'occupation par l'ennemi, à donner, dans la mesure des besoins, ses soins aux malades et aux blessés de l'ambulance ou de l'hôpital qu'il dessert.

Lorsqu'il demandera à se retirer, le commandant des troupes occupantes fixera le moment de ce départ, qu'il ne pourra toutefois différer que pour une courte durée, en cas de nécessités militaires.

Art. 2. — Des dispositions devront être prises par les puissances belligérantes pour assurer au personnel neutralisé, tombé entre les mains de l'armée ennemie, la jouissance intégrale de son traitement.

Art. 3. — Dans les conditions prévues par les articles 1er et 4 de la Convention, la dénomination d'*ambu-*

lance s'applique aux hôpitaux de campagne et autres établissements temporaires qui suivent les troupes sur les champs de bataille pour y recevoir des malades et des blessés.

Art. 4. — Conformément à l'esprit de l'article 5 de la Convention et aux réserves mentionnées au Protocole de 1864, il est expliqué que, pour la répartition des charges relatives au logement des troupes et aux contributions de guerre, il ne sera tenu compte que dans la mesure de l'équité du zèle charitable déployé par les habitants.

Art. 5. — Par extension de l'article 6 de la Convention, il est stipulé que, sous la réserve des officiers dont la possession importerait au sort des armes et dans les limites fixées par le deuxième paragraphe de cet article, les blessés tombés entre les mains de l'ennemi, lors même qu'ils ne seraient pas reconnus incapables de servir, devront être renvoyés dans leur pays après leur guérison, ou plus tôt si faire se peut, à la condition toutefois de ne pas reprendre les armes pendant la durée de la guerre.

ARTICLE CONCERNANT LA MARINE.

Art. 6. — Les embarcations qui, à leurs risques et périls, pendant et après le combat, recueillent ou qui ayant recueilli des naufragés ou des blessés, les portent à bord d'un navire soit neutre, soit hospitalier, jouiront, jusqu'à l'accomplissement de leur mission, de la part de neutralité que les circonstances du combat et la situation des navires en conflit permettront de leur appliquer.

Art. 7. — L'appréciation de ces circonstances est confiée à l'humanité de tous les combattants.

Les naufragés et les blessés ainsi recueillis et sauvés ne pourront servir pendant la durée de la guerre.

Le personnel religieux, médical et hospitalier de tout bâtiment capturé est declaré neutre. Il emporte, en quittant le navire, les objets et les instruments de chirurgie qui sont sa propriété particulière.

Art. 8. — Le personnel désigné dans l'article précédent doit continuer à remplir ses fonctions sur le bâtiment capturé, concourir aux évacuations de blessés faites par le vainqueur, puis il doit être libre de rejoindre son pays, conformément au second paragraphe du premier article additionnel ci-dessus.

Les stipulations du deuxième article additionnel ci-dessus sont applicables au traitement de ce personnel.

Art. 9. — Les bâtiments hôpitaux militaires restent soumis aux lois de la guerre, en ce qui concerne leur matériel ; ils deviennent la propriété du capteur ; mais celui-ci ne pourra les détourner de leur affectation spéciale pendant la durée de la guerre.

Art. 10. — Tout bâtiment de commerce, à quelque nation qu'il appartienne, chargé exclusivement de blessés et de malades dont il opère l'évacuation, est couvert par la neutralité; mais le fait seul de la visite, notifié sur le journal du bord, par un croiseur ennemi, rend les blessés et les malades incapables de servir pendant la durée de la guerre. Le croiseur aura même le droit de mettre à bord un commissaire pour accompagner le convoi et vérifier ainsi la bonne foi de l'opération.

Si le bâtiment de commerce contenait en outre un chargement, la neutralité le couvrirait encore, pourvu que ce chargement ne fût pas de nature à être confisqué par le belligérant.

Les belligérants conservent le droit d'interdire aux bâtiments neutralisés toute communication et toute direction qu'ils jugeraient nuisibles au secret de leurs opérations.

Dans les cas urgents, des conventions particulières pourront être faites entre les commandants en chef pour neutraliser momentanément, d'une manière spéciale, les navires destinés à l'évacuation des blessés et des malades.

Art. 11. — Les marins et les militaires embarqués, blessés ou malades, à quelque nation qu'ils appartiennent, seront protégés et soignés par les capteurs.

Leur rapatriement est soumis aux prescriptions de l'article 6 de la Convention et de l'article 5 additionnel.

Art. 12. — Le drapeau distinctif à joindre au pavillon national, pour indiquer un navire ou une embarcation quelconque qui réclame le bénéfice de la neutralité, en vertu des principes de cette convention, est le pavillon blanc à croix rouge.

Les belligérants exercent à cet égard toute vérification qu'ils jugent nécessaire.

Les bâtiments hôpitaux militaires seront distingués par une peinture extérieure blanche avec batterie verte.

Art. 13. — Les navires hospitaliers équipés aux frais des sociétés de secours reconnues par les Gouvernements signataires de cette Convention, pourvus de commission émanée du souverain qui aura donné l'autorisation expresse de leur armement et d'un document de l'autorité maritime compétente, stipulant qu'ils ont été soumis à son contrôle pendant leur armement et à leur départ final, et qu'ils étaient alors uniquement appropriés au but de leur mission, seront considérés comme neutres, ainsi que tout leur personnel.

Ils seront respectés et protégés par les belligérants.

Ils se feront reconnaître en hissant, avec leur pavillon national, le pavillon blanc à croix rouge. La marque distinctive de leur personnel dans l'exercice de ses fonctions sera un brassard aux mêmes couleurs ; leur peinture extérieure sera blanche avec batterie rouge.

Ces navires porteront secours et assistance aux blessés et aux naufragés des belligérants, sans distinction de nationalité.

Ils ne devront gêner en aucune manière les mouvements des combattants.

Pendant et après le combat, ils agiront à leurs risques et périls.

Les belligérants auront sur eux le droit de contrôle et de visite ; ils pourront refuser leur concours, leur enjoindre de s'éloigner et les détenir si la gravité des circonstances l'exigeait.

Les blessés et les naufragés recueillis par ces navires ne pourront être réclamés par aucun des combattants, et il leur sera imposé de ne pas servir pendant la durée de la guerre.

ART. 14. — Dans les guerres maritimes, toute forte présomption que l'un des belligérants profite du bénéfice de la neutralité dans un autre intérêt que celui des blessés et des malades, permet à l'autre belligérant, jusqu'à preuve du contraire, de suspendre la Convention à son égard.

Si cette présomption devient une certitude, la Convention peut même lui être dénoncée pour toute la durée de la guerre.

ART. 15. — Le présent Acte sera dressé en un seul exemplaire original qui sera déposé aux archives de la Confédération suisse.

Une copie authentique de cet acte sera délivrée, avec invitation d'y adhérer, à chacune des Puissances signataires de la Convention du 22 août 1864, ainsi qu'à celles qui y ont successivement accédé.

En foi de quoi les Commissaires soussignés ont dressé le présent projet d'articles additionnels et y ont apposé le cachet de leurs armes.

Fait à Genève, le vingtième jour du mois d'octobre de l'an mil huit cent soixante-huit.

APPENDICE

(CITATIONS RECUEILLIES PAR L'ÉDITEUR.)

« L'état des ambulances dans les armées régulières ne permet, pour les malheureux blessés qui restent sur les champs de bataille, que des secours fort imparfaits; il y a à cet égard insuffisance très-grande, qui se manifeste davantage dans les occasions où la promptitude et l'étendue de ces secours seraient le plus à désirer. Cette insuffisance a frappé tout le monde; elle a été retracée avec une vérité pour ainsi dire effrayante, dans un ouvrage que vous connaissez bien, publié, après la bataille de Solférino, par un de nos compatriotes, M. Dunant. Nous sommes réunis, Messieurs, pour voir s'il n'y aurait pas quelque possibilité de réaliser l'une des idées philanthropiques émises dans ce même ouvrage. »

(Discours d'ouverture de M. le général DUFOUR, commandant en chef les troupes de la Confédération suisse, président de la Conférence internationale de Genève. 1re séance, lundi 26 octobre 1863. *Compte-rendu de la Conférence*, etc.)

« L'idée de M. Dunant étant une fois réalisée, les résultats pratiques du concours national et international surpasseront tout ce qu'on en a vu auparavant. »

(Dr LOEFFLER, médecin en chef de l'armée prussienne, délégué du ministre de la guerre de Prusse à la Conférence internationale de Genève. Octobre 1863. *Compte-rendu*, etc.)

« L'aspect d'un champ de bataille est un de ces tableaux qu'il faut voir pour s'en faire une idée juste. M. Dunant l'a contemplé à Solférino, et il lui a arraché ce cri du cœur qui a trouvé tant d'écho ! »

(Don Nicasio Landa y Alvarez de CARVALLO, délégué de l'Espagne à la Conférence internationale de Genève. Discours du 26 octobre 1863. *Compte-rendu*, etc.)

« Ce qui a réuni cette assemblée est un mouvement parti de l'individualité de M. Dunant, qui a rendu d'immenses services comme simple particulier. »

(Discours du capitaine Van de VELDE, délégué de la Hollande à la Conférence internationale de Genève. 3e séance, 28 octobre 1863. *Compte-rendu*, etc.)

« L'appel éloquent et généreux fait par M. Henry Dunant honore tout à la fois son auteur, non-seulement par le but élevé qu'il veut atteindre, mais encore par son heureuse initiative... Cette initiative prise par lui est trop louable, trop belle, trop généreuse pour être abandonnée. L'élan est donné, il n'y a plus qu'à persévérer pour réussir. »

(Dr BOUDIER, délégué de la France à la Conférence internationale de Genève. 1re séance, 26 octobre 1863. *Compte-rendu*, etc.)

« Il faut que les hôpitaux et les ressources soient préparés de longue main, et pendant la paix, il faut donner aux associations volontaires un caractère international ; le titre de soldat blessé doit être pour lui un passeport légitime et suffisant... Ce résultat sera digne des efforts admirables du fondateur de l'Œuvre, M. Henry Dunant. »

(Dr LOEFFLER, médecin en chef de l'armée prussienne. *Compte-rendu de la Conférence*, etc.)

« Lors de l'explosion des mouvements affligeants qui se sont produits en Pologne (1863), madame la grande duchesse Hélène Paulowna a eu l'idée d'adjoindre à la communauté des hospitaliers volontaires momentanés; fortifiée dans cette idée par la lecture du livre de M. H. Dunant, elle la mit à exécution avec un succès complet. Beaucoup d'infirmières volontaires ont suivi, sur le théâtre de l'insurrection, les sœurs que madame la grande duchesse s'est empressée d'y envoyer, et qui prodiguent leurs soins aux blessés polonais comme aux soldats russes. »

(E. ESSAKOFF, bibliothécaire de S. A. I. Mme la grande-duchesse Hélène de Russie. *Compte-rendu de la Conférence de Genève*, séance du 28 octobre 1868.)

« M. Henry Dunant, with all his resources, mental, influential, and pecuniary, and with his courage and great energy, has been at once the pioneer, prop, and successful promoter of this work in Europe. He is at work still, and bravely the work is progressing. We must continue to do our part, and maintain thus the lead which our nation has taken in this as in other progressive movements of the civilisazion of our day. »

EUROPEAN BRANCH OF THE UNITED STATES SANITARY COMMISSION. Report upon the international Congress of Geneva 1863.)

« Cet ouvrage (*Un Souvenir de Solférino*) est une de ces

actions qui suffiraient à l'honneur d'une vie, si l'on ne se proposait pas un but plus élevé encore que celui de la gloire et du renom littéraires. »

(Edouard CHARTON, Dir. *Magasin pittoresque*, août 1863.)

Le 14 janvier 1863, la célèbre Miss Florence Nightingale déclare « approuver hautement l'excellence du but que se propose M. Dunant; » et, la même année, l'illustre romancier, Charles Dickens, publie une partie du *Souvenir de Solférino* dans sa revue mensuelle, *All the Year Round*. (Avril, mai, juin, août 1863.)

(*Souvenir de Solférino*, 3e édition, 1863.)

« Il est hors de doute que l'élément civil et charitable, en pénétrant dans toutes les armées européennes, ne contribue beaucoup à diminuer l'horreur de ces boucheries organisées, provoquées souvent par les plus futiles prétextes. Espérons qu'un temps viendra où les hommes sauront mieux s'apprécier les uns les autres, et, au lieu de s'entre-détruire, lutteront de zèle pour faire progresser tout ce qui est bon et utile.

« C'est la première fois dans l'histoire du monde, qu'un simple particulier donne l'impulsion à une noble idée, et qu'un congrès des puissances civilisées en soit la dernière conséquence, et vienne couronner son œuvre. »

(*Gazette de Neuchâtel*, juillet 1864.)

« Il faut se féliciter de voir la grande œuvre d'humanité et d'honneur, suscitée au bon moment par un particulier généreux, se développer sous la protection des hauts gouvernements, pour arriver à la création d'une institution d'une force et d'une puissance internationales immenses : œuvre qui devrait avoir l'appui de la presse entière, car elle ne peut pas plus être reniée par les défenseurs du christianisme que par ceux de la civilisation, non plus que méconnue ou contestée dans son caractère d'utilité pratique par les hommes impartiaux. »

(*Allgemeine militär Zeitung*. Juillet 1864. Rapport du major Brodrück, délégué de la Hesse à la Conférence internationale et au Congrès de Genève.)

« Le poète du *Souvenir de Solférino*, entraîné par ses convictions, et entendant toujours résonner à ses oreilles le cri déchirant des blessés, continue sans relâche à porter leurs sanglots aux gouvernements et aux souverains, aux amis de la paix et aux gens de cœur de tous les pays et de toutes les opinions. Qu'il nous soit permis de contempler dans sa grande valeur, ce mouvement charitable qu'un seul homme a su inspirer au monde civilisé, car, si nous admirons cet ermite enthousiaste et chevaleresque qui, avec une foi ardente et une constance admirable, sut entraîner en Orient les armées des souverains de l'Europe, avec les plus grands guerriers de son époque, pour conquérir les Lieux Saints, nous n'admirons pas moins la philanthropie inspirée de M. Dunant, qui a su faire vibrer les fibres les plus sensibles du cœur humain, qui s'est dévoué sans relâche au secours des blessés, et qui, providentiellement, quand l'Europe prévoit un sombre avenir de luttes et de sang, quand du sein même de la société rugit un sinistre présage de commotions futures, prépare avec une persévérance merveilleuse, et avec l'aide de quelques hommes de cœur qu'il a su gagner à sa cause, les moyens de diminuer les horreurs de ces guerres prochaines. Qu'il reçoive l'expression de nos plus vives sympathies, et nos félicitations les plus sincères. »

DON JOSÉ MARIA SANTUCHO Y MARENGO,
Inspecteur général sanitaire des armées espagnoles.
(*Revista de sanidad militar espanola*, Madrid, juillet 1864.)

« C'est à une seule personne de cœur, M. Henry Dunant, de Genève, que l'Europe est redevable d'une si belle œuvre, destinée à rendre de très-grands services à l'humanité. »

(Discours de S. A. R. OSCAR, duc d'OSTROGOTHIE, prince royal de Suède et Norwége, président de la Société de secours aux militaires blessés des royaumes de Suède et Norwége, à la première assemblée générale de cette Société. Stockholm, 1865.)

« A la suite de la campagne d'Italie, un livre plein des plus nobles sentiments, *Un Souvenir de Solférino*, a éveillé l'attention de toutes les nations civilisées sur la lenteur des secours apportés sur le champ de bataille. Cette question, qui intéresse si vivement l'armée et les familles, s'est bientôt élevée à la hauteur de son importance. L'heureuse initiative de M. Dunant, n'a rencontré que les sympathies les plus empressées; elles ont été générales et se sont manifestées partout. Dans toute l'Europe on a chaudement accueilli l'idée.

« Je dirai : Honneur à M. Dunant! Encore sous l'impression des profondes émotions du champ de bataille de Solférino, il a été assez heureux pour soulever une question d'humanité, et les succès bien mérités de son livre, lui prouvent l'intérêt général qu'il a inspiré. »

Dr CHENU, médecin principal, etc,
(Rapport au Conseil de santé des armées, 1865.)

« Le respect toujours plus grand pour la vie humaine, est un des titres les plus réels dont s'honore la civilisation moderne. C'est à ce sentiment général, ravivé au premier coup de canon de chaque nouveau conflit, qu'il faut attribuer l'impression produite par un simple récit que M. Henry Dunant a publié sous le titre de : *Souvenir de Solférino*. Ce livre eut d'autant plus de succès que l'auteur, ému par les souffrances qu'il avait eues sous les yeux dans nos hôpitaux, raconte le bon accueil fait à quelques faibles secours volontaires, non-seulement par les blessés, mais aussi par un des corps sanitaires les plus savants et les plus dévoués de l'Europe. L'ouvrage fut bientôt traduit en plusieurs langues, et les conclusions, tendant à l'organisation de secours auxiliaires, ont été presque partout adoptées avec une admirable unanimité.

« M. Dunant formulait trois propositions : obtenir des gouvernements la neutralisation complète des services de santé ; former en tous pays des comités permanents chargés de préparer des secours pour l'éventualité d'une guerre ; former des corps d'hospitaliers volontaires.

« Une conférence, présidée par M. le général Dufour, adopta une résolution formulée en dix articles, qui développaient les propositions de M. Dunant... »

Général duc de MONTESQUIOU-FEZENSAC,
Président du Comité central de France.
(Manifeste du Comité central français de la Société de secours aux blessés militaires. Paris, 11 mars 1865.)

« Une médaille d'or a été décernée par la *Société*
« *d'Ethnographie de France* à l'honorable promoteur de

« l'Œuvre internationale que notre Comité central « représente en France. Emanant d'une telle compagnie, composée de membres considérables et dont « on connaît les services rendus à la science, cette distinction doit avoir pour M. Henry Dunant un prix « particulier; elle est pour l'Œuvre une reconnais- « sance d'une haute valeur à nos yeux, et il nous est « permis d'en être heureux et d'en remercier pour notre « part la Société d'Ethnographie.

« La lettre d'envoi à l'honorable M. Henry Dunant « porte que cette médaille « lui est décernée pour les « immenses services qu'il a rendus à l'humanité. »

(Bulletin de la Société de secours aux blessés militaires des armées de terre et de mer, publié sous la direction du Comité central français. Paris, n° du mois d'avril 1866.)

« La grandeur de cette idée consiste à faire de tout homme à terre un être sacré pour tous. Que M. Henry Dunant, qui en a eu la noble inspiration, continue à s'y dévouer! Il a déjà personnellement joint l'exemple au précepte. »

(*Spectateur militaire*, 15 mars 1863.)

«Il y a un *droit du sang;* nul maintenant n'oserait le contester... Ce *cri du sang* se fait entendre d'un bout à l'autre du *Souvenir de Solférino;* il s'est *photographié* dans chacune de ses pages. »

Le Droit du Sang. Etudes législatives et judiciaires, par C. FREGIER, président de tribunal, mai, 1864.

«L'Œuvre internationale de secours aux blessés et aux alades militaires, dont M. H. Dunant a pris l'initiative, enhardie par ses progrès, confiante en sa fortune, a franchi bientôt la Suisse et fait le tour du monde... Toujours infatigable pour sa magnifique Œuvre, l'auteur du *Souvenir de Solférino* a su la faire grandir rapidement... Après l'immense retentissement qu'a produit, chez toutes les nations, ce cri de douleur, et à peine cet apôtre de la charité a-t-il proclamé le principe civilisateur de l'Association des peuples pour atténuer les désastres de la guerre, en faire comprendre la stupide horreur, et, par la suite, la rendre moins fréquente, que l'Association internationale, pour le progrès des sciences sociales soumet à l'examen des sections, pour la session de 1865, la question de savoir s'il n'y a pas lieu d'élargir le cercle d'action des comités de secours aux blessés de la guerre et d'en généraliser les bienfaits, en venant en aide, en temps de paix aux populations, en cas d'épidémie, d'inondation, etc.»

(Journal belge *La Charité sur les champs de batailles, Moniteur de l'Œuvre internationale de secours aux blessés et aux malades militaires*, publié sous le patronage du Comité central belge. Bruxelles, mai, juin, juillet 1865.)

« En décembre 1863, l'empereur fit écrire à M. Dunant pour l'assurer de son désir de concourir à l'Œuvre dont il est le promoteur, en favorisant la formation du Comité français. Il déclarait approuver hautement l'objet de la conférence et les vœux émis pour l'accomplir. Il chargeait le ministre de la guerre d'autoriser quelques officiers généraux à faire partie du Comité organisé à Paris par les soins de M. Dunant. »

(Manifeste du comité central français, 1865.)

« M. Dunant's work created a great sensation, and was quickly translated into several european languages.

« It was undoubtedly to the direct influence of the work, written by Monsieur Henry Dunant, as well as to the personal exertions of that gentleman, that the movement which led to the International Congress of 1864 and his results was immediately due. »

On the Geneva Convention.

Lecture delivered at the *Royal united service institution* by Deputy inspector-general T. LONGMORE, professor of military Surgery at the Army med. School. London, march. 16th. 1866. — Major sir Harry Verney, Bart. M. P. in the chair.

Le Dr LONGMORE était le délégué de l'Angleterre au Congrès de Genève.

« M. Henry Dunant con su *Recuerdo de Solferino* logró fijar la atencion pública sobre asunto tan importante. Los inspirados acentos de este bienhechor de la humanidad, ganaron á su causa la prensa de todos los idiomas, y sus constantes gestiones cerca de las Córtes más poderosas dieron por brillante resultado la reunion en Ginebra en octubre de 1863 de una Conferencia internacional donde diez y seis Potencias se hallaron representadas. »

El Derecho de la Guerra conforme à la moral,
par don NICASIO LANDA. Madrid, 1867.

« Caldo delle impressioni ricevute alla vista del campo e nell'esercizio del pietosissimo ufficio d'infermiere, egli scrisse la sua bell' opera *un Souvenir de Solférino*, che, pubblicata a Ginevra, fu tradotta in diverse lingue e accolta con molto plauso in Europa.

Nelle conchiusioni di quell'opera l'autore proponera la neutralità pei feriti e loro assistenti, e la creazione in tutti i paesi di società permanenti di soccorso, le quali operando ciascuna principalmente nell' interesse del proprio paese, giovassero anche agli altri in caso di guerra, animate da uno spirito di solidarietà e di carità internazionale. Perocchè un ferito, a qualunque nazione o bandiera appertenga, diviene inviolabile per tutti e attira le simpatie ed il soccorso dell'umanita intera.

«Il signor Dunant chiedeva adunque da tutte le nazione incivilite la neutralizzazione dei feriti e malati in guerra, dei locali in cui sono accolti, delle ambulanze, dei corpi sanitari degli eserciti, e di quanti privati prestano loro aiuto, e l'adozione di una bandiera uniforme per render sacri locali e persone destinati alla cura dei feriti e malati in guerra.

«Chiedeva inoltre che si cavasse maggior profitto, nel momento delle grandi battaglie, dalle persone di buona volontà, disposte ad adoperarzi a solliero dei feriti, si organizzasse la carita privata e libera e il soccorso cittadino, per completare gli sforzi dell'amministrazione uffiziale, sempre però sotto la direzione di questa.

« E si augurava che i rappresentanti della scienza militare e sanitaria si riunissero in conferenza a formulare qualche principio internazionale per via di convenzione da ratificarsi dalle potenze, la quale servisse di base alle società internazionali permanenti di soccorso per i feriti nei diversi paesi d'Europa. Preparare in tempo di pace l'organizzazoine di queste società era cosa sommamente utile, percio che al principio delle ostilità le parti belligeranti trovansi mal disposte l'una verso l'altra, e non considerano più le quistioni se non sotto l'aspetto esclusivo dell'interesse di ciascuna.

« Lo spirito di carità internazionale, che animava questa proposta, era tanto più spiccato, inquantochè ne prendeva l'iniziativa un ginevrino, cittadino cioè di un paese neutrale; lontano più d'ogni altro dalle previsioni di guerra. »

« Al primo diffondersi della proposta, specialmente per ciò che riquarda la neutralizzazione delle ambulanze, alcuni gridarono all' utopia. Ma il pensiero onesto e caritativo era destinato a vincere, e vinse. »

Relazione storica sull' istituzione dei comitati di soccorso per i feriti e malati in guerra. Dr Pietro Castiglioni, vice-président de l'*Association médicale italienne*. Florence, mai, 1866.

« En 1859, un simple citoyen de Genève, M. Dunant, ému par le spectacle des souffrances des blessés de la guerre d'Italie, conçut le projet de provoquer des efforts internationaux et permanents pour adoucir autant que possible, dans tout l'univers, les maux des victimes de la guerre.

« Les démarches persévérantes de M. Dunant amenèrent, en 1863, à Genève, une Conférence internationale, où seize États furent représentés, et qui adopta les trois propositions suivantes : 1o obtenir des gouvernements la neutralisation complète des services de santé; 2o former en tous pays des comités permanents;

3° former des corps d'hospitaliers volontaires. La première proposition fut consacrée, en 1864, par un traité diplomatique officiel conclu entre les seize États, traité dont le protocole resta et reste encore ouvert à Berne...

Baron DE BIQUILLEY, président du comité de Compiègne. (*Circulaire du comité de Compiègne* aux habitants du département de l'Oise. Echo de l'Oise, 19 avril 1867. Bulletin français, mai 1867.)

« Le comité central prussien, dont les bases avaient été jetées en septembre 1863 par le fondateur de l'Œuvre internationale existait donc, en 1866, à l'état permanent depuis trois années, pendant lesquelles il s'était préparé pour agir d'une manière efficace dans le cas où la guerre viendrait à éclater. Plus de 150 comités se formèrent en très-peu de temps... »

Bulletin français de la Société de secours aux blessés. Paris, n° de mars 1869.

« *A Monsieur Henry Dunant, à Genève.*

« Monsieur, l'Empereur a pris connaissance des vœux émis par la Conférence internationale qui vient d'avoir lieu à Genève sous la présidence de M. le général Dufour, pour étudier la question des secours internationaux à donner aux militaires blessés sur les champs de bataille.

« Sa Majesté approuve hautement l'objet de la Conférence et les vœux émis pour l'accomplir. Elle désire concourir à Votre Œuvre en favorisant la formation du Comité de secours que vous cherchez à constituer actuellement à Paris, et Elle vous autorise bien volontiers à faire connaître toute la sympathie qu'Elle éprouve à cet égard.

« L'Empereur m'a, en outre, chargé d'écrire à S. Exc. le maréchal ministre de la guerre, pour qu'il autorise quelques officiers d'un grade élevé dans l'armée à faire partie du Comité que vous organisez.

« Je vous prie d'agréer mes sentiments dévoués,

« *Le colonel aide de camp*, FAVÉ,

Paris, le 21 décembre 1863. « (MAISON DE L'EMPEREUR),

« *A Monsieur Henry Dunant, à Genève.*

« Monsieur, j'ai eu l'honneur de faire connaître à Sa Majesté l'Empereur les documents que vous m'avez adressés, et qui constatent les progrès de Votre Œuvre consacrée aux secours à donner aux militaires blessés.

« Lorsque vous serez à Paris, l'Empereur vous fera mettre en relation avec le ministre des affaires étrangères, pour qu'il examine Votre proposition de la neutralisation des ambulances, des hôpitaux, des blessés et des corps sanitaires.

« Veuillez agréer mes sentiments distingués.

« *Le colonel aide de camp*, FAVÉ,

Paris, le 19 février 1864. « (MAISON DE L'EMPEREUR),

SOCIÉTÉ NATIONALE D'ENCOURAGEMENT AU BIEN.

« M. Dunant a conquis les sympathies du monde entier par la publication de son livre : *Un Souvenir de Solférino*, qui parut à la suite de la guerre de 1859. Il prit l'initiative de l'Œuvre des sociétés de secours aux blessés... L'éternel honneur d'avoir, le premier, mis cette idée en pratique, revient pleinement à M. Henry Dunant. L'auteur d'un *Souvenir de Solférino*, sous l'impression des souffrances qu'eurent à supporter pendant la guerre d'Italie, à laquelle il assistait en simple spectateur, ou plutôt en volontaire héroïque de la charité, écrivit ce récit émouvant dans son horrible réalité, qui, traduit dans toutes les langues, a fait le tour de l'Europe. C'est avec un grand bonheur que, tout en accordant une médaille d'honneur à l'auteur du livre, nous constituant hardiment, sans crainte d'être désavoués, les interprètes de la reconnaissance publique, nous plaçons aussi sur sa tête une couronne civique, au nom de toutes les familles, au nom de toutes les nations civilisées, au nom sacré de l'humanité. »

(SÉANCE PUBLIQUE ET DISTRIBUTION SOLENNELLE DES RÉCOMPENSES DE LA SOCIÉTÉ NATIONALE D'ENCOURAGEMENT AU BIEN, le 12 juin 1870, au Cirque Napoléon, à Paris.

(*Rapport du Secrétaire général.*)

Paris. Typ. A. Parent, rue Monsieur-le-Prince, 31.

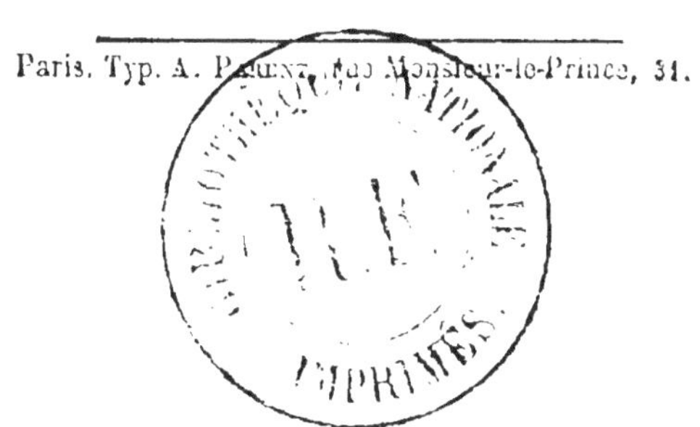

www.ingramcontent.com/pod-product-compliance
Lightning Source LLC
Chambersburg PA
CBHW072241270326
41930CB00010B/2217
* 9 7 8 2 0 1 3 0 1 6 2 0 9 *